사무엘이야기

– 사무엘상 · 사무엘하 직역 큐티

사무엘이야기

– 사무엘상 · 사무엘하 직역 큐티

김상수 목사 지음

문서사역
|종|려|가|지|

추천사 1

나는 오늘날에도 종교개혁이 일어날 수 있는지 자주 질문을 받는다. 그런 질문을 받을 때마다 일어날 수 없다고 한 마디로 딱 잘라 말한다.

다각적인 이유가 많이 있겠지만 그 가운데 하나는 문서와 관련된 것이다. 그 시대는 인쇄술이 우리보다 훨씬 못 미치는 상황이었음에도 불구하고, 유럽 각지에서 개혁의 기치를 따르는 인물들이 자국어로 다양한 성경을 번역하여 출판하는 데 앞을 다투었다. 게다가 성경 번역과 함께 신교 목회자들이 혼신의 힘을 다해서 성경을 풀어내는 글을 써서 출판하였다.

이와 달리, 오늘날 교회는 성경을 새롭게 번역하는 데 힘쓰지 않을 뿐 더러 목회자들은 성경을 해설하는 글을 내는 데 힘쓰지 않는다. 이런 실정에서 무슨 종교개혁이 일어나겠는가?

금 번에, 성경 원문을 직역하면서 풀이한 김상수 목사님의 해설서가 세상에 빛을 보았다. 목사님은 신학교 시절부터 지금까지 42년 세월을 원문과 씨름하면서 성경을 연구하였다.

그는 성경 원문이 골수까지 배여 있는 분으로 우리말 어법을 따르는 매끄러운 번역보다 원문의 느낌을 되도록 그대로 살리는 번역에 충실하다. 때때로 이런 번역이 쉽게 읽히지는 않을지 모르겠으나 성경의 진의를 파악하는 데는 훨씬 유익하다는 사실을 놓치면 안 된다. 단번에 이해되지 않기에 곱씹어 볼만하지 않은가.

또한 목사님의 해설은 본문을 우리의 현실에 적용하고 있다는 점에서 큰 공헌을 한다. 그는 단어와 문장을 세세하게 따지는 것보다 전체 문맥의 의미를 우리의 처지에서 드러내는 데 주력한다. 이렇게 하여 성경은 옛날의 문서가 아니라 오늘의 설교로 변한다.

한 마디로 말해서 그의 해설을 읽으면 믿음으로 살도록 고무하는 뜨거운 감동을 느끼게 된다. 이런 의미에서 김상수 목사님의 성경 원문 직역 해설은 종교개혁을 우리 시대로 연장시키는 놀라운 도구임에 틀림없다.

조 병 수

합동신학대학원대학교 총장 역임 / 명예교수
프랑스 위그노 연구소 대표

추천사 2

사랑하고 존경하는 김상수 목사님께서 매일 아침마다 변함없이 카톡으로 하나님의 귀한 말씀을 배달해 주고 있습니다.

이 말씀을 읽으면서 하루 일과를 시작 하면 영적으로 든든하고 너무 소중한 하루가 되고 있습니다.

이 말씀의 특징은 원문주해 뿐 아니라 본문을 깊이 연구해서 하나님의 뜻을 잘 드러내고 적용까지 아주 쉽게 해줘서 누구나 쉽게 접할 수 있습니다.

따라서 말씀을 연구하는 목회자들에게나 신학생들, 해외 선교사들과 모든 성도들에게 큰 도움이 될 것으로 여겨져 적극 추천 하고 싶습니다.

감사합니다.

이 주 형

목사 / 오정성화교회 / 합신 증경 총회장

추천사 3

저는 오늘날 조국교회의 가장 시급한 과제는 교회의 강단개혁이라고 믿는다. 강단개혁은 자신의 심령을 날마다 개혁함을 의미한다.

이미 신학을 공부한 목사, 선교사는 계속 자기 자신을 업그레이드 해야 한다. 갓 구워낸 빵과 시원한 생수를 날마다 목사와 선교사는 먹고 마셔야 한다. 이것은 그냥 구호로 되는 것이 아니다. 그야말로 주입(eisegesis)이 아니라, 원액의 말씀을 주해(exegesis)해야 한다.

전세계 선교사들의 카톡방, SNS에는 하루에도 수많은 말씀묵상, 성경해석, 개인묵상의 글들이 쏟아져 나온다. 솔직히 필자는 그런 글에는 눈길도 주지 않는다. 함량미달의 글들에 너무 많아 식상했다.

그런데 김상수(주명교회) 목사의 글은 참으로 신선하였다. 순수한 원액의 말씀이다.

그는 신학교를 졸업한 후에도 지난 30여 년간 오로지 원어연구에 올인하였다. 그의 묵상의 글을 여러 사람과 나누게 된 것도 " 한 영혼"을 먹이기 위함에서 비롯되었다.

14년 전, 김 목사가 섬기는 교회의 청년 중 한 청년은 직장이 늦게 끝나게 되어 성경공부 모임에 참여하지 못하였다. 그 한 청년을 개인 양육하기 위해 묵상 글을 쓰게 된 것이다. 이 얼마나 아름다운 선한 목자의 마음 인가?

세 가지 면에서 나는 김상수 목사의 성경원문 직역 카톡 묵상집을 적극 추천하고 싶다.

첫째는, 그의 성경원문 직역을 읽으며 하나님의 본심을 느끼게 한다. 때로는 투박스러운 번역 같지만 그 안에 "생명의 빛" 이 보이며 들리는 것 같아 너무나 좋다.

둘째는, 성경 1장을 전체 문맥을 꿰뚫으면서 하나님의 뜻을 밝히 드러내는 묵상이 돋보인다. 성경읽기의 가장 중요한 원칙은 "영적으로/성경 그 자체를 읽는 것"이다. 곧 성령님의 영감을 받아 읽어야 한다는 뜻이다. 성경은 "오직 성령께서 가르치신 것으로 하니 영적인 것은 영적인 것으로 분별"(고전 2:13)하기 때문이다.

마지막으로, 김 목사의 간결한 글쓰기가 너무 시원시원하여 좋다. 시각적으로 읽히는 글이다. 그리고 묵상한 말씀으로 하나님께 올려 드리는 마무리 기도 또한 압권이다.

배 안 호

선교사 / GMS, 파라과이

서문

하나님의 부르심 가운데 42년 전, 수원의 합동신학원에서 개혁신학을 접하게 하셨습니다. 30여 년의 연단 후에, 하나님의 섭리 가운데 직장의 늦은 퇴근으로 성경공부 그룹에 들어오지 못하는, 섬기는 교회의 청년을 양육하기 위해 카톡으로 성경직역 원문강해가 시작되었습니다.

14년 동안 하루도 거를 수가 없었습니다. 하나님께서 강권하시는 역사 가운데 말씀으로 저를 사로잡아주셨기 때문입니다.

주명교회 성도들과 예수 그리스도 안에서 함께 지어져 가는 수많은 지체들에게 성경 66권의 진리를 드러낼 수 있도록 은혜를 주신 삼위일체 하나님께 영광을 돌립니다.

연약한 저를 위해 기도하시는 수많은 지체들에게 감사드립니다. 하나님의 은혜와 말씀을 사랑하고 사모하는 지체들의 뜨거운 요청에 힘입어 카톡큐티로 쓴 성경직역 원문 강해서를 출판하게 되었습니다. 역사적인 전통적 교회의 입장인 성경론과 신론, 인죄론 기독론 구원론과 교회론을 터로 삼았습니다.

역사적으로 검증되고 공적으로 선포된 초대 교부들의 표준문서와 16세기, 17세기에 걸친 종교개혁자들의 표준문서를 울타리로 삼았습니다.

- 원문에 근거한 문법적 해석을 했습니다.
- 성경에 나타난 각 시대의 역사적 상황과 교회사를 고려 했습니다.

- 성령님의 조명으로 현 시대에 알맞게 적용하려고 했습니다.
- 성경 66권에서 말씀 하시는 바른 교리, 바른 예배와 바른 교회법을 드러내기 위해 힘썼습니다.

성경 66권에서 가르치시는 인생의 본분인 하나님을 영화롭게 하고 하나님을 기뻐하고 즐거워 하며 하나님을 경외하고 하나님 말씀에 순종하며 삼위 일체 하나님과 예수 그리스도와의 거룩한 다스림에 날마다 참여되며 삼위일체 하나님과 예수 그리스도를 날마다 알아가고 닮아가는 우리들이 되기를 소원하는 마음으로 썼습니다.

하나님의 창조와 재창조의 사역과 성자 하나님의 구속사역과 성령 하나님의 성화와 은총 가운데서 잃어버린 양들을 찾고 잃어버린 양들을 하나님께서 받으시는 산제물이 되게 하시는 거룩한 사역에 참여되는 우리 모두가 되기 위하여 썼습니다.

지체들의 성원에 힘입어 '사무엘이야기'를 내어 놓게 되었습니다. 헌신하신 주명교회 성도님들과 사랑하는 아내와 아들과 종려가지 출판사 대표이신 한치호 목사님과 평창의 백기호 목사님께 깊은 감사를 드립니다.

예수 그리스도 안에서 더불어 함께 지어져 가는 모든 공시적 보편된 교회와 그 지체들에게 카톡 큐티로 쓴 성경직역 원문강해서를 바칩니다.

오직 하나님께 영광 돌립니다.

2024년 2월

김 상 수

목사 / 대한예수교장로회 주명교회

차례

사무엘상

사무엘하

사무엘상

사무엘상 1장 2절

"그에게 두 아내가 있었으니 한 사람의 이름은 한나요 한 사람의 이름은 브닌나라 브닌나에게는 자식이 있고 한나에게는 자식이 없었더라"(개역개정판)

"그리고 그에게 두 아내들이 있었다. 한 사람의 이름은 한나. 그리고 그 둘째의 이름은 브닌나 그리고 브닌나에게 자식들이 있었다. 그러나 한나에게는 자식들이 없었다"(원문직역)

사무엘상 1장은 사무엘 어머니인 한나의 기도와 사무엘의 탄생과 드려짐의 말씀입니다.

사무엘은 하나님의 선하심과 자유로우심과 기쁘신 뜻대로 작정되고 예정되어 사사시대에서 왕정시대로 가는 마지막 사사로 선지자와 제사장의 직분을 겸직한 하나님의 사람으로 탄생했습니다.

하나님 사람인 사무엘은?

첫째, 하나님의 주권적 섭리에 의해 탄생한 사람이었습니다.(삼상 1:1~8)

"엘가나가 제사를 드리는 날에는 제물의 분깃을 그의 아내 브닌나와 그의 모든 자녀에게 주고 한나에게는 갑절을 주니 이는 그를 사랑함이라 그러나 여호와께서 그에게 임신하지 못하게 하시니 여호와께서 그에게 임신하지 못하게 하시므로 그의 적수인 브닌나가 그를 심히 격분하게 하여 괴롭게 하더라"(삼상 1:4~6)

둘째, 하나님의 섭리 가운데 나실인으로 드려진 사람으로 탄생했습니다.

> "한나가 마음이 괴로워서 여호와께 기도하고 통곡하며 서원하여 이르되 만군의 여호와여 만일 주의 여종의 고통을 돌보시고 나를 기억하사 주의 여종을 잊지 아니하시고 주의 여종에게 아들을 주시면 내가 그의 평생에 그를 여호와께 드리고 삭도를 그의 머리에 대지 아니하겠나이다"(삼상 1:10~11)

셋째, 하나님의 영원한 작정과 예정 가운데 기도의 응답으로 탄생한 사람이었습니다.(삼상 1:12~19)

> "엘리가 대답하여 이르되 평안히 가라 이스라엘의 하나님이 네가 기도하여 구한 것을 허락하시기를 원하노라 하니 이르되 당신의 여종이 당신께 은혜 입기를 원하나이다 하고 가서 먹고 얼굴에 다시는 근심 빛이 없더라 그들이 아침에 일찍이 일어나 여호와 앞에 경배하고 돌아가 라마의 자기 집에 이르니라 엘가나가 그의 아내 한나와 동침하매 여호와께서 그를 생각하신지라 한나가 임신하고 때가 이르매 아들을 낳아 사무엘이라 이름하였으니 이는 내가 여호와께 그를 구하였다 함이더라"(삼상 1:17~20)

넷째, 하나님의 거룩한 경륜 가운데 하나님께 드려진 사람이었습니다.(삼상 1:21~28)

> "이 아이를 위하여 내가 기도하였더니 내가 구하여 기도한 바를 여호와께서 내게 허락하신지라 그러므로 나도 그를 여호와께 드리되 그의 평생을 여호와께 드리나이다 하고 그가 거기서 여호와께 경배하니라"(삼상 2:27~28)

모든 그리스도인은 영원한 나실인인 예수 그리스도의 품 안에서 나실인으로 드려진 사람들입니다.

예수 그리스도의 품 안에서 나실인으로 드려진 그리스도인은?

예수 그리스도를 자신의 주인으로 모십니다.

세상을 사랑하지 않습니다.

죄악을 멀리합니다.

> "서원하여 이르되 만군의 여호와여 만일 주의 여종의 고통을 돌보시고 나를 기억하사 주의 여종을 잊지 아니하시고 주의 여종에게 아들을 주시면 내가 그의 평생에 그를 여호와께 드리고 삭도를 그의 머리에 대지 아니하겠나이다"(삼상 1:11)
> "여호와께서 모세에게 말씀하여 이르시되 이스라엘 자손에게 전하여 그들에게 이르라 남자나 여자가 특별한 서원 곧 나실인의 서원을 하고 자기 몸을 구별하여 여호와께 드리려고 하면 포도주와 독주를 멀리하며 포도주로 된 초나 독주로 된 초를 마시지 말며 포도즙도 마시지 말며 생포도나 건포도도 먹지 말지니 자기 몸을 구별하는 모든 날 동안에는 포도나무 소산은 씨나 껍질이라도 먹지 말지며 그 서원을 하고 구별하는 모든 날 동안은 삭도를 절대로 그의 머리에 대지 말 것이라 자기 몸을 구별하여 여호와께 드리는 날이 차기까지 그는 거룩한즉 그의 머리털을 길게 자라게 할 것이며 자기의 몸을 구별하여 여호와께 드리는 모든 날 동안은 시체를 가까이 하지 말 것이요"(민 6:1~6)

그러므로 성삼위 하나님의 은혜로 나실인의 삶을 살아가며 하나님을 영화롭게 하는 우리 모두가 되기를 기도합니다.

사무엘상 2장 1절

"한나가 기도하여 이르되 내 마음이 여호와로 말미암아 즐거워하며 내 뿔이 여호와로 말미암아 높아졌으며 내 입이 내 원수들을 향하여 크게 열렸으니 이는 내가 주의 구원으로 말미암아 기뻐함이니이다"(개역개정판)

"그리고 한나가 기도했다. 그리고 그녀가 말했다. 내 마음이 여호와 안에서 즐거워했다. 내 뿔이 여호와 안에서 높아졌다. 내 입이 내 원수들을 향하여 크게 넓어졌다. 왜냐하면 내가 당신의 구원가운데 기뻐했기 때문이다"(원문직역)

사무엘상 2장은 한나의 기도와 엘리 대제사장 가문에 대한 하나님의 진노에 대한 말씀입니다.

한나의 기도와 찬양은 개인적 기도와 찬양이 아닌 구속사적 기도와 찬양입니다.

마리아와 같이 삼위일체 하나님께서 예수 그리스도를 주심에 대한 찬양입니다.

신인 양성 일 인격을 소유하고 계신 예수 그리스도는?

첫째, 택한 백성들을 구원하시는 하나님입니다.

"한나가 기도하여 이르되 내 마음이 여호와로 말미암아 즐거워하며 내 뿔이 여호와로 말미암아 높아졌으며 내 입이 내 원수들을 향하여 크게 열렸으니 이는 내가 주의 구원으로 말미암아 기뻐함이니이다"(삼상 2:1)

"아들을 낳으리니 이름을 예수라 하라 이는 그가 자기 백성을 그들의 죄에서 구원할 자이심이라 하니라"(마 1:21)

둘째, 거룩하신 하나님입니다.

"여호와와 같이 거룩하신 이가 없으시니 이는 주 밖에 다른 이가 없고 우리 하나님 같은 반석도 없으심이니이다"(삼상 2:2)

"예수를 향하여 섰던 백부장이 그렇게 숨지심을 보고 이르되 이 사람은 진실로 하나님의 아들이었도다 하더라"(막 15:39)

셋째, 지식의 하나님입니다.

"심히 교만한 말을 다시 하지 말 것이며 오만한 말을 너희의 입에서 내지 말지어다 여호와는 지식의 하나님이시라 행동을 달아 보시느니라"(삼상 2:3)

"그가 자기 영혼의 수고한 것을 보고 만족하게 여길 것이라 나의 의로운 종이 자기 지식으로 많은 사람을 의롭게 하며 또 그들의 죄악을 친히 담당하리로다"(사 53:11)

넷째, 인생의 전 영역을 다스리고 생사화복을 주장하시는 하나님입니다. (삼상 2:4~8상)

"여호와는 죽이기도 하시고 살리기도 하시며 스올에 내리게도 하시고 거기에서 올리기도 하시는도다 여호와는 가난하게도 하시고 부하게도 하시며 낮추기도 하시고 높이기도 하시는도다 가난한 자를 진토에서 일으키시며 빈궁한 자를 거름더미에서 올리사 귀족들과 함께 앉게 하시며 영광의 자리를 차지하게 하시는도다"(삼상 2:6~8상)

다섯째, 천지의 대주재이신 하나님입니다.

"땅의 기둥들은 여호와의 것이라 여호와께서 세계를 그것들 위에 세우셨도다"(삼상 2:8하)

여섯째, 의로우신 하나님입니다.

"그가 그의 거룩한 자들의 발을 지키실 것이요 악인들을 흑암 중에서 잠잠하게 하시리니"(삼상 2:9상)

일곱째, 전능하신 하나님입니다.

"힘으로는 이길 사람이 없음이로다"(삼상 2:9하)

여덟째, 심판하시는 하나님입니다.

"여호와를 대적하는 자는 산산이 깨어질 것이라 하늘에서 우레로 그들을 치시리로다 여호와께서 땅 끝까지 심판을 내리시고"(삼상 2:10상)

아홉째, 메시야입니다.

"자기 왕에게 힘을 주시며 자기의 기름 부음을 받은 자의 뿔을 높이시리로다 하니라"(삼상 2:10하)

열번째, 바른 예배를 요구하시는 분입니다.(삼상 2:12~17)

"이 소년들의 죄가 여호와 앞에 심히 큼은 그들이 여호와의 제사를 멸시함이었더라"(삼상 2:17)

"아버지께 참되게 예배하는 자들은 영과 진리로 예배할 때가 오나니 곧 이 때라 아버지께서는 자기에게 이렇게 예배하는 자들을 찾으시느니라"(요 4:23)

열한번째, 하나님 나라와 의를 위해 헌신하는 이들에게 복을 주시는 분입니다.

"엘리가 엘가나와 그의 아내에게 축복하여 이르되 여호와께서 이 여인으로 말미암아 네게 다른 후사를 주사 이가 여호와께 간구하여 얻어 바친 아들을 대신하게 하시기를 원하노라 하였더니 그들이 자기 집으로 돌아가매 여호와께서 한나를 돌보시사 그로 하여금 임신하여 세 아들과 두 딸을 낳게 하셨고 아이 사무엘은 여호와 앞에서 자라니라"(삼상 2:20~21)

"그런즉 너희는 먼저 그의 나라와 그의 의를 구하라 그리하면 이 모든 것을 너희에게 더하시리라"(마 6:33)

열두번째, 성적 타락을 미워하시는 분입니다.

"엘리가 매우 늙었더니 그의 아들들이 온 이스라엘에게 행한 모든 일과 회막 문에서 수종 드는 여인들과 동침하였음을 듣고 그들에게 이르되 너희가 어찌하여 이런 일을 하느냐 내가 너희의 악행을 이 모든 백성에게서 듣노라"(삼상 2:22~23)

"나는 알파와 오메가요 처음과 마지막이요 시작과 마침이라 자기 두루마기를 빠는 자들은 복이 있으니 이는 그들이 생명나무에 나아가며 문들을 통하여 성에 들어갈 권세를 받으려 함이로다 개들과 점술가들과 음행하는 자들과 살인자들과 우상 숭배자들과 및 거짓말을 좋아하며 지어내는 자는 다 성 밖에 있으리라"(계 22:13~15)

열세번째, 교회의 재화로 자신을 부유하게 만드는 사람들을 미워하시는 분입니다.

"너희는 어찌하여 내가 내 처소에서 명령한 내 제물과 예물을 밟으며 네 아들들을 나보다 더 중히 여겨 내 백성 이스라엘이 드리는 가장 좋은 것으로 너희들을 살지게 하느냐"(삼상 2:29)

예수 그리스도는 하늘 성소에서 우리들을 품에 안으시고 하나님께 나아가는 영원한 제사장입니다.

"내가 나를 위하여 충실한 제사장을 일으키리니 그 사람은 내 마음, 내 뜻대로 행할 것이라 내가 그를 위하여 견고한 집을 세우리니 그가 나의 기름 부음을 받은 자 앞에서 영구히 행하리라"(삼상 2:35)

그러므로 성삼위 하나님의 은혜로 예수 그리스도의 품 안에서 하나님 말씀에 순종하며 하나님을 영화롭게 하는 우리 모두가 되기를 기도합니다.

사무엘상 3장 1절

"아이 사무엘이 엘리 앞에서 여호와를 섬길 때에는 여호와의 말씀이 희귀하여 이상이 흔히 보이지 않았더라"(개역개정판)

"그리고 그 소년 사무엘은 엘리 앞에서 여호와를 섬기고 있었다. 그리고 그 당시에 여호와의 말씀이 드물었다. 환상이 자주 널리퍼져 있지 않았다"(원문직역)

사무엘상 3장은 사무엘의 부르심과 엘리 대제사장 가문에 대한 심판의 말씀입니다.

엘리 대제사장 시대는 배교와 배도의 시대입니다.

배도와 배교의 시대에는?

첫째, 하나님 말씀에 대한 주림과 목마름과 깨달음이 없습니다.

"아이 사무엘이 엘리 앞에서 여호와를 섬길 때에는 여호와의 말씀이 희귀하여 이상이 흔히 보이지 않았더라"(삼상 3:1)

둘째, 하나님의 진노의 심판이 임합니다.

"여호와께서 사무엘에게 이르시되 보라 내가 이스라엘 중에 한 일을 행하리니 그것을 듣는 자마다 두 귀가 울리리라 내가 엘리의 집에 대하여 말한 것을 처음부터 끝까지 그 날에 그에게다 이루리라 내가 그의 집을 영원토록 심판하겠다고 그에게 말한 것은 그가 아는 죄악 때문이니 이는 그가 자기의 아들들이 저주를 자청하되 금하지 아니하였음이니라 그러므로 내가 엘리의 집에 대하여 맹세하기를 엘리 집의 죄악은 제물로나 예물로나 영원히 속죄함을 받지 못하리라 하였노라 하셨더라"(삼상 3:11~14)

연약함과 나약함이 아닌 고의적으로 짓는 성령 훼방죄는 하나님의 진노의 심판을 받습니다.

"한 번 빛을 받고 하늘의 은사를 맛보고 성령에 참여한 바 되고 하나님의 선한 말씀과 내세의 능력을 맛보고도 타락한 자들은 다시 새롭게 하여 회개하게 할 수 없나니 이는 그들이 하나님의 아들을 다시 십자가에 못 박아 드러내 놓고 욕되게 함이라"(히 6:4~6)

셋째, 하나님을 두려워하지 않습니다.

"사무엘이 아침까지 누웠다가 여호와의 집의 문을 열었으나 그 이상을 엘리에게 알게 하기를 두려워하더니 엘리가 사무엘을 불러 이르되 내 아들 사무엘아 하니 그가 대답하되 내가 여기 있나이다 하니 그가 이르되 네게 무엇을 말씀하셨느냐 청하노니 내게 숨기지 말라 네게 말씀하신 모든 것을 하나라도 숨기면 하나님이 네게 벌을 내리시고 또 내리시기를 원하노라 하는지라"(삼상 3:15~17)

넷째, 생명 얻는 회개의 은총이 없습니다.

"사무엘이 그것을 그에게 자세히 말하고 조금도 숨기지 아니하니 그가 이르되 이는 여호와이시니 선하신 대로 하실 것이니라 하니라"(삼상 3:18)

다섯째, 하나님과의 동행이 없습니다.

"사무엘이 자라매 여호와께서 그와 함께 계셔서 그의 말이 하나도 땅에 떨어지지 않게 하시니 단에서부터 브엘세바까지의 온 이스라엘이 사무엘은 여호와의 선지자로 세우심을 입은 줄을 알았더라"(삼상 3:19~20)

배도와 배교의 시대의 특징은 하나님 말씀에 대한 주림과 목마름과 깨달음이 없고 순종이 없는 것입니다.

> "여호와께서 실로에서 다시 나타나시되 여호와께서 실로에서 여호와의 말씀으로 사무엘에게 자기를 나타내시니라"(삼상 3:21)

그러므로 성삼위 하나님의 은혜로 하나님 말씀에 대하여 주리고 목말라 하고 깨닫고 순종하며 하나님을 영화롭게 하는 우리 모두가 되기를 기도합니다.

사무엘상 4장 11절

"하나님의 궤는 빼앗겼고 엘리의 두 아들 홉니와 비느하스는 죽임을 당하였더라"(개역개정판)

"그리고 하나님의 궤는 빼앗겼다. 그리고 엘리의 두 아들들인 홉니와 비느하스는 죽었다"(원문직역)

사무엘상 4장은 이스라엘 백성들이 블레셋 사람들과의 전투에서 패배하고 언약궤가 빼앗기고 엘리가문이 심판받는 내용의 말씀입니다.

배도와 배교의 시대는?

첫째, 하나님의 진노의 심판이 임합니다.

"블레셋 사람들이 이스라엘에 대하여 전열을 벌이니라 그 둘이 싸우다가 이스라엘이 블레셋 사람들 앞에서 패하여 그들에게 전쟁에서 죽임을 당한 군사가 사천 명가량이라"(삼상 4:2)

"블레셋 사람들이 쳤더니 이스라엘이 패하여 각기 장막으로 도망하였고 살륙이 심히 커서 이스라엘 보병의 엎드러진 자가 삼만 명이었으며 하나님의 궤는 빼앗겼고 엘리의 두 아들 홉니와 비느하스는 죽임을 당하였더라"(삼상 4:10~11)

"소식을 전하는 자가 대답하여 이르되 이스라엘이 블레셋 사람들 앞에서 도망하였고 백성 중에는 큰 살륙이 있었고 당신의 두 아들 홉니와 비느하스도 죽임을 당하였고 하나님의 궤는 빼앗겼나이다 하나님의 궤를 말할 때에 엘리가 자기 의자에서 뒤로 넘어져 문 곁에서 목이 부러져 죽었으니 나이가 많고 비대한 까닭이라 그가 이스라엘의 사사가 된 지 사십 년이었더라"(삼상 4:17~18)

둘째, 하나님을 이익의 재료로 사용합니다.

"백성이 진영으로 돌아오매 이스라엘 장로들이 이르되 여호와께서 어찌하여 우리에게 오늘 블레셋 사람들 앞에 패하게 하셨는고 여호와의 언약궤를 실로에서 우리에게로 가져다가 우리 중에 있게 하여 그것으로 우리를 우리 원수들의 손에서 구원하게 하자 하니 이에 백성이 실로에 사람을 보내어 그룹 사이에 계신 만군의 여호와의 언약궤를 거기서 가져왔고 엘리의 두 아들 홉니와 비느하스는 하나님의 언약궤와 함께 거기에 있었더라 여호와의 언약궤가 진영에 들어올 때에 온 이스라엘이 큰 소리로 외치매 땅이 울린지라"(삼상 4:3~5)

셋째, 하나님의 임재와 하나님의 영광이 떠납니다.

"그의 며느리인 비느하스의 아내가 임신하여 해산 때가 가까웠더니 하나님의 궤를 빼앗긴 것과 그의 시아버지와 남편이 죽은 소식을 듣고 갑자기 아파서 몸을 구푸려 해산하고 죽어갈 때에 곁에 서 있던 여인들이 그에게 이르되 두려워하지 말라 네가 아들을 낳았다 하되 그가 대답하지도 아니하며 관념하지도 아니하고 이르기를 영광이 이스라엘에서 떠났다 하고 아이 이름을 이가봇이라 하였으니 하나님의 궤가 빼앗겼고 그의 시아버지와 남편이 죽었기 때문이며 또 이르기를 하나님의 궤를 빼앗겼으므로 영광이 이스라엘에서 떠났다 하였더라"(삼상 4:19~22)

그리스도인의 진정한 삶은 하나님과 동행하며 하나님의 영광을 위해 사는 삶입니다.

그리므로 성삼위 하나님의 은혜로 하나님과 동행하며 하나님을 영화롭게 하는 우리 모두가 되기를 기도합니다.

사무엘상 5장 1절

"블레셋 사람들이 하나님의 궤를 빼앗아 가지고 에벤에셀에서부터 아스돗에 이르니라"(개역개정판)

"그리고 블레셋 사람들이 그 하나님의 궤를 취하였다. 그리고 그들이 에벤에셀로부터 이스돗으로 가져왔다"(원문직역)

사무엘상 5장은 하나님의 궤인 법궤로 인해 블레셋 인들에게 일어나는 재앙에 대한 말씀입니다.

법궤는 이스라엘 백성들에게 하나님의 임재와 영광의 상징입니다.

블레셋 사람들은 법궤를 빼앗아 자신들의 전리품으로 다곤 신당에 둡니다.

"블레셋 사람들이 하나님의 궤를 빼앗아 가지고 에벤에셀에서부터 아스돗에 이르니라 블레셋 사람들이 하나님의 궤를 가지고 다곤의 신전에 들어가서 다곤 곁에 두었더니"(삼상 5:1~2)

그러나 하나님은?

첫째, "엘", "엘로힘"(가장 크시고 가장 강하시고 가장 힘이 있으신 분) 입니다.

"아스돗 사람들이 이튿날 일찍이 일어나 본즉 다곤이 여호와의 궤 앞에서 엎드러져 그 얼굴이 땅에 닿았는지라 그들이 다곤을 일으켜 다시 그 자리에 세웠더니 그 이튿날 아침에 그들이 일찍이 일어나 본즉 다곤이 여호와의 궤 앞에서 또다시 엎드러져 얼굴이 땅에 닿았고 그 머리와 두 손목은 끊어져 문지방에 있고 다곤의 몸뚱이만 남았더라 그러므로 다곤의 제사장들이나 다곤의 신전에 들어가는 자는 오늘까지 아스돗에 있는 다곤의 문지방을 밟지 아니하더라"(삼상 5:3~5)

"하나님만이 창조하시고 섭리하시고 구원하시고 심판하시고 성취하시는 분" 입니다.

둘째, "아도나이 샤파트"(심판하시는 하나님) 입니다.

"여호와의 손이 아스돗 사람에게 엄중히 더하사 독한 종기의 재앙으로 아스돗과 그 지역을 쳐서 망하게 하니 아스돗 사람들이 이를 보고 이르되 이스라엘 신의 궤를 우리와 함께 있지 못하게 할지라 그의 손이 우리와 우리 신 다곤을 친다 하고 이에 사람을 보내어 블레셋 사람들의 모든 방백을 모으고 이르되 우리가 이스라엘 신의 궤를 어찌하랴 하니 그들이 대답하되 이스라엘 신의 궤를 가드로 옮겨 가라 하므로 이스라엘 신의 궤를 옮겨 갔더니 그것을 옮겨 간 후에 여호와의 손이 심히 큰 환난을 그 성읍에 더하사 성읍 사람들의 작은 자와 큰 자를 다 쳐서 독한 종기가 나게 하신지라 이에 그들이 하나님의 궤를 에그론으로 보내니라 하나님의 궤가 에그론에 이른즉 에그론 사람이 부르짖어 이르되 그들이 이스라엘 신의 궤를 우리에게로 가져다가 우리와 우리 백성을 죽이려 한다 하고 이에 사람을 보내어 블레셋 모든 방백을 모으고 이르되 이스라엘 신의 궤를 보내어 그 있던 곳으로 돌아가게 하고 우리와 우리 백성이 죽임 당함을 면하게 하자 하니 이는 온 성읍이 사망의 환난을 당함이라 거기서 하나님의 손이 엄중하시므로 죽지 아니한 사람들은 독한 종기로 치심을 당해 성읍의 부르짖음이 하늘에 사무쳤더라"(삼상 5:6~12)

"하나님만이 현세적 심판과 종말적 심판을 하시며 천지만물을 다스리는 분" 입니다.

그리스도인들에게만 "아도나이, 여호와, 예호바"(주님)가 되십니다.

"천지의 대주재로 영원히 존재하시며 스스로 낮아지셔서 당신의 백성들과 거룩한 언약을 맺으시고 그 맺으신 언약을 이루시기 위하여 은혜를 베풀어 주시는 분" 입니다.

그러므로 성삼위 하나님의 은혜로 주님 품 안에서 하나님 말씀에 순종하며 하나님을 영화롭게 하는 우리 모두가 되기를 기도합니다.

사무엘상 6장 1절

"여호와의 궤가 블레셋 사람들의 지방에 있은 지 일곱 달이라"(개역개정판)

"그리고 여호와의 궤가 블레셋 사람들의 들판에 칠 개월간 있었다"(원문직역)

사무엘상 6장은 블레셋 사람들이 언약궤를 반환하는 말씀입니다.

블레셋 사람들이 언약궤를 반환하는 가운데 역사하시는 하나님은?

첫째, 긍휼을 베푸시는 분입니다.(삼상 6:1~5)

"그들이 이르되 이스라엘 신의 궤를 보내려거든 거저 보내지 말고 그에게 속건제를 드려야 할지니라 그리하면 병도 낫고 그의 손을 너희에게서 옮기지 아니하는 이유도 알리라 하니 그들이 이르되 무엇으로 그에게 드릴 속건제를 삼을까 하니 이르되 블레셋 사람의 방백의 수효대로 금 독종 다섯과 금 쥐 다섯 마리라야 하리니 너희와 너희 통치자에게 내린 재앙이 같음이니라 그러므로 너희는 너희의 독한 종기의 형상과 땅을 해롭게 하는 쥐의 형상을 만들어 이스라엘 신께 영광을 돌리라 그가 혹 그의 손을 너희와 너희의 신들과 너희 땅에서 가볍게 하실까 하노라"(삼상 6:3~5)

긍휼을 베푸시는 하나님은 예수 그리스도의 품 안에서 영광 받으시는 분입니다.

둘째, 심판하시는 분입니다.(삼상 6:6~9)

"여호와의 궤를 가져다가 수레에 싣고 속건제로 드릴 금으로 만든 물건들은 상자에 담아 궤 곁에 두고 그것을 보내어 가게 하고 보고 있다가 만일 궤가 그 본 지역 길로 올라가서 벧세메스로 가면 이 큰 재앙은 그가 우리에게 내린 것이요 그렇지 아니하면 우리를 친 것이 그의 손이 아니요 우연히 당한 것인 줄 알리라 하니라"(삼상 6:8~9)

셋째, 섭리하시는 분입니다.(삼상 6:10~12)

"암소가 벧세메스 길로 바로 행하여 대로로 가며 갈 때에 울고 좌우로 치우치지 아니하였고 블레셋 방백들은 벧세메스 경계선까지 따라 가니라"(삼상 6:12)

넷째, 말씀대로 받들어 섬겨야 하시는 분입니다.(삼상 6:13~21)

"레위인은 여호와의 궤와 그 궤와 함께 있는 금 보물 담긴 상자를 내려다가 큰 돌 위에 두매 그 날에 벧세메스 사람들이 여호와께 번제와 다른 제사를 드리니라"(삼상 6:15)

"벧세메스 사람들이 여호와의 궤를 들여다 본 까닭에 그들을 치사 (오만) 칠십 명을 죽이신지라 여호와께서 백성을 쳐서 크게 살륙하셨으므로 백성이 슬피 울었더라"(삼상 6:19)

하나님은 예수 그리스도의 품 안에서 성령님과 말씀을 따라 받들어 섬기며 예배드려야 하는 분입니다.

"그들은 잠시라도 들어가서 성소를 보지 말라 그들이 죽으리라"(민 4:20)

"아버지께 참되게 예배하는 자들은 영과 진리로 예배할 때가 오나니 곧 이 때라 아버지께서는 자기에게 이렇게 예배하는 자들을 찾으시느니라"(요 4:23)

그러므로 성삼위 하나님의 은혜로 예수 그리스도의 품 안에서 성령님과 말씀을 따라 예배드리며 하나님을 영화롭게 하는 우리 모두가 되기를 기도합니다.

사무엘상 7장 3절

"사무엘이 이스라엘 온 족속에게 말하여 이르되 만일 너희가 전심으로 여호와께 돌아오려거든 이방 신들과 아스다롯을 너희 중에서 제거하고 너희 마음을 여호와께로 향하여 그만을 섬기라 그리하면 너희를 블레셋 사람의 손에서 건져내시리라"(개역개정판)

"그리고 사무엘이 이스라엘 집의 모두에게 말하였다. 말하기를 만일 너희의 모든 마음으로 너희가 여호와에게로 돌아온다면 너희는 너희 가운데 있는 그 이방신을 떠나게 하라. 그리고 그 아스다롯을 그리고 너희는 너희의 마음을 여호와에게 굳게 세우라. 그리고 너희는 오직 그분만 섬기라. 그러면 그가 너희를 블레셋 사람들의 손으로부터 구출해 주실 것이다"(원문직역)

사무엘상 7장은 이스라엘 백성들이 블레셋을 물리치고 사무엘이 선지자와 제사장과 사사의 위치에서 이스라엘 백성들을 다스리는 내용의 말씀입니다.

블레셋에게 20년 동안 압제 당하던 이스라엘 백성들은 하나님 앞에 울부짖었습니다.

"궤가 기럇여아림에 들어간 날부터 이십 년 동안 오래 있은지라 이스라엘 온 족속이 여호와를 사모하니라 (나하: 울부짖다, 애곡하다)"(삼상 7:2)

하나님께서는 이스라엘 백성들의 울부짖음을 들으시고 예수 그리스도를 표상하는 사무엘을 통해 은혜 베푸시고 회복시키셨습니다.

"사무엘이 번제를 드릴 때에 블레셋 사람이 이스라엘과 싸우려고 가까이 오매 그 날에 여호와께서 블레셋 사람에게 큰 우레를 발하여 그들을 어지럽게 하시니 그들이 이스라엘 앞에 패한지라 이스라엘 사람들이 미스바에서 나가서 블레셋 사람들을 추격하여 벧갈 아래에 이르기까지 쳤더라 사무엘이 돌을 취하여 미스바와 센 사이에 세워 이르되 여호와께서 여기까지 우리를 도우셨다 하고 그 이름을 에벤에셀이라 하니라 이에 블레셋 사람들이 굴복하여 다시는 이스라엘 지역 안에 들어오지 못하였으며 여호와의 손이 사무엘이 사는 날 동안에 블레셋 사람을 막으시매 블레셋 사람들이 이스라엘에게서 빼앗았던 성읍이 에그론부터 가드까지 이스라엘에게 회복되니 이스라엘이 그 사방 지역을 블레셋 사람들의 손에서 도로 찾았고 또 이스라엘과 아모리 사람 사이에 평화가 있었더라"(삼상 7:10~14)

그리스도인들이 회복하려면?

첫째, 회개해야 합니다.

"사무엘이 이스라엘 온 족속에게 말하여 이르되 만일 너희가 전심으로 여호와께 돌아오려거든 이방 신들과 아스다롯을 너희 중에서 제거하고 너희 마음을 여호와께로 향하여 그만을 섬기라 그리하면 너희를 블레셋 사람의 손에서 건져내시리라"(삼상 7:3)

"그들이 미스바에 모여 물을 길어 여호와 앞에 붓고 그 날 종일 금식하고 거기에서 이르되 우리가 여호와께 범죄하였나이다 하니라 사무엘이 미스바에서 이스라엘 자손을 다스리니라"(삼상 7:6)

둘째, 회개의 열매가 있어야 합니다.

"이에 이스라엘 자손이 바알들과 아스다롯을 제거하고 여호와만 섬기니라"(삼상 7:4)

셋째, 하늘 성소의 영원한 대제사장이며 유일한 중보자이신 예수 그리스도의 은총이 있어야 합니다.

"사무엘이 이르되 온 이스라엘은 미스바로 모이라 내가 너희를 위하여 여호와께

기도하리라 하매"(삼상 7:5)

"사무엘이 젖 먹는 어린 양 하나를 가져다가 온전한 번제를 여호와께 드리고 이스라엘을 위하여 여호와께 부르짖으매 여호와께서 응답하셨더라"(삼상 7:9)

"예수는 영원히 계시므로 그 제사장 직분도 갈리지 아니하느니라 그러므로 자기를 힘입어 하나님께 나아가는 자들을 온전히 구원하실 수 있으니 이는 그가 항상 살아 계셔서 그들을 위하여 간구하심이라"(히 7:24~25)

예수 그리스도의 품 안에서 회복된 사람은 예수 그리스도의 다스림을 받으며 하나님을 예배하는 사람이 됩니다.

"사무엘이 사는 날 동안에 이스라엘을 다스렸으되 해마다 벧엘과 길갈과 미스바로 순회하여 그 모든 곳에서 이스라엘을 다스렸고 라마로 돌아왔으니 이는 거기에 자기 집이 있음이니라 거기서도 이스라엘을 다스렸으며 또 거기에 여호와를 위하여 제단을 쌓았더라"(삼상 7:15~17)

그러므로 성삼위 하나님의 은혜로 회복하며 하나님을 영화롭게 하는 우리 모두가 되기를 기도합니다.

사무엘상 8장 8절

"내가 그들을 애굽에서 인도하여 낸 날부터 오늘까지 그들이 모든 행사로 나를 버리고 다른 신들을 섬김 같이 네게도 그리하는도다"(개역개정판)

"내가 그들을 애굽으로부터 데리고 올라오던 날부터 그들이 해한 그 모든 행위들처럼 그리고 이날까지 그리고 그들이 나를 버렸다. 그리고 그들이 다른 신들을 섬겼다. 그들이 또한 너에게 그렇게 하는 것이다"(원문직역)

사무엘상 8장은 이스라엘 백성들이 왕을 요구하는 말씀입니다.

하나님의 거룩한 경륜 가운데 왕정 정치 시대가 되는 것은 하나님의 뜻입니다.

"네가 네 하나님 여호와께서 네게 주시는 땅에 이르러 그 땅을 차지하고 거주할 때에 만일 우리도 우리 주위의 모든 민족들 같이 우리 위에 왕을 세워야겠다는 생각이 나거든 반드시 네 하나님 여호와께서 택하신 자를 네 위에 왕으로 세울 것이며 네 위에 왕을 세우려면 네 형제 중에서 한 사람을 할 것이요 네 형제 아닌 타국인을 네 위에 세우지 말 것이며 그는 병마를 많이 두지 말 것이요 병마를 많이 얻으려고 그 백성을 애굽으로 돌아가게 하지 말 것이니 이는 여호와께서 너희에게 이르시기를 너희가 이 후에는 그 길로 다시 돌아가지 말 것이라 하셨음이며 그에게 아내를 많이 두어 그의 마음이 미혹되게 하지 말 것이며 자기를 위하여 은금을 많이 쌓지 말 것이니라 그가 왕위에 오르거든 이 율법서의 등사본을 레위 사람 제사장 앞에서 책에 기록하여 평생에 자기 옆에 두고 읽어 그의 하나님 여호와 경외하기를 배우며 이 율법의 모든 말과 이 규례를 지켜 행할 것이라 그리하면 그의 마음이 그의 형제 위에 교만하지 아니하고 이 명령에서 떠나 좌로나 우로나 치우치지 아니하리니 이스라엘 중에서 그와 그의 자손이 왕위에 있는 날이 장구하리라"(신 17:14~20)

신정 국가이며 구약 교회인 이스라엘 나라가 왕정 정치시대가 되어야 하는 이유는 하나님 나라의 왕과 중심이신 예수 그리스도께서 다스리는 하나님 나라의 은혜의 영광을 온 천하만방에 선포하게 하기 위해서 입니다.

> "유다야 너는 네 형제의 찬송이 될지라 네 손이 네 원수의 목을 잡을 것이요 네 아버지의 아들들이 네 앞에 절하리로다 유다는 사자 새끼로다 내 아들아 너는 움킨 것을 찢고 올라갔도다 그가 엎드리고 웅크림이 수사자 같고 암사자 같으니 누가 그를 범할 수 있으랴 규가 유다를 떠나지 아니하며 통치자의 지팡이가 그 발 사이에서 떠나지 아니하기를 실로가 오시기까지 이르리니 그에게 모든 백성이 복종하리로다 그의 나귀를 포도나무에 매며 그의 암나귀 새끼를 아름다운 포도나무에 맬 것이며 또 그 옷을 포도주에 빨며 그의 복장을 포도즙에 빨리로다 그의 눈은 포도주로 인하여 붉겠고 그의 이는 우유로 말미암아 희리로다"(창 49:8~12)
>
> "이는 그가 사랑하시는 자 안에서 우리에게 거저 주시는 바 그의 은혜의 영광을 찬송하게 하려는 것이라"(엡 1:6)

이스라엘 백성들은 사사들의 타락과 무능력이라는 원인도 있지만 왕정 정치 시대의 신령한 의미를 모르고 인접 국가처럼 제정 일치를 담당하는 왕을 요구했습니다.(삼상 8:1~6)

> "그에게 이르되 보소서 당신은 늙고 당신의 아들들은 당신의 행위를 따르지 아니하니 모든 나라와 같이 우리에게 왕을 세워 우리를 다스리게 하소서 한지라 우리에게 왕을 주어 우리를 다스리게 하라 했을 때에 사무엘이 그것을 기뻐하지 아니하여 여호와께 기도하매"(삼상 8:5~6)

예수 그리스도를 하나님 나라의 왕과 중심으로 모시지 못하고 교회의 머리로 모시지 못하는 것은 배교와 배도입니다.

> "여호와께서 사무엘에게 이르시되 백성이 네게 한 말을 다 들으라 이는 그들이 너를 버림이 아니요 나를 버려 자기들의 왕이 되지 못하게 함이니라 내가 그들을 애굽에서 인도하여 낸 날부터 오늘까지 그들이 모든 행사로 나를 버리고 다른 신들을 섬김 같이 네게도 그리하는도다"(삼상 8:7~8)

하나님의 설득에도 불구하고 악한 고집을 가진 이스라엘 백성들은 신령한 하나님 나라보다 실용주의로 가득한 세상나라를 선택합니다.(삼상 8:9~22)

"백성이 사무엘의 말 듣기를 거절하여 이르되 아니로소이다 우리도 우리 왕이 있어야 하리니 우리도 다른 나라들 같이 되어 우리의 왕이 우리를 다스리며 우리 앞에 나가서 우리의 싸움을 싸워야 할 것이니이다 하는지라"(삼상 8:19~20)

이스라엘 백성들은 "뗄레마"(하나님의 선하시고 자유로우시고 기뻐하시는 뜻)와 "불레"(삼위일체 하나님의 의논)와 "프로데시스"(하나님의 작정)와 "프로오리조"(하나님의 예정)와 "클레로오"(기업, 유업, 자신들이 하나님의 유업이 된 것)를 망각하고 하나님보다 오만한 자아로 앞서 나갔습니다.

"모든 일을 그의 뜻의 결정대로 일하시는 이의 계획을 따라 우리가 예정을 입어 그 안에서 기업이 되었으니"(엡 1:11)
"그 날에 너희는 너희가 택한 왕으로 말미암아 부르짖되 그 날에 여호와께서 너희에게 응답하지 아니하시리라 하니"(삼상 8:18)

왕정 정치시대가 오는 것은 하나님의 거룩한 경륜 가운데 필연적인 것입니다.

이스라엘 백성들이 하나님의 거룩한 경륜을 무시하고 세속적 왕을 요구한 처사는 참으로 유감스러운 처사입니다.

그러므로 성삼위 하나님의 은혜로 오만한 자아와 악한 고집을 꺾고 하나님 말씀에 순종하며 하나님을 영화롭게 하는 우리 모두가 되기를 기도합니다.

사무엘상 9장 15절

"사울이 오기 전날에 여호와께서 사무엘에게 알게 하여 이르시되"(개역개정판)

"그리고 사울이 오기 하루 전에 여호와께서 사무엘의 귀를 열어주셨다. 말씀하시기를"(원문직역)

사무엘상 9장은 이스라엘 백성들이 요구하는 왕의 자격을 갖춘 사울과 사무엘이 만나는 내용의 말씀입니다.

이스라엘 백성들이 요구하는 왕의 자격을 갖춘 사울은?

첫째, 외모가 탁월한 사람입니다.(삼상 9:1~2)

"기스에게 아들이 있으니 그의 이름은 사울이요 준수한 소년이라 이스라엘 자손 중에 그보다 더 준수한 자가 없고 키는 모든 백성보다 어깨 위만큼 더 컸더라"(삼상 9:2)

둘째, 성실한 사람입니다.(삼상 9:3~4)

"그가 에브라임 산지와 살리사 땅으로 두루 다녀 보았으나 찾지 못하고 사알림 땅으로 두루 다녀 보았으나 그 곳에는 없었고 베냐민 사람의 땅으로 두루 다녀보았으나 찾지 못하니라"(삼상 9:4)

셋째, 부모를 공경하는 사람입니다.

"그들이 숩 땅에 이른 때에 사울이 함께 가던 사환에게 이르되 돌아가자 내 아버지께서 암나귀 생각은 고사하고 우리를 위하여 걱정하실까 두려워하노라 하니"(삼상 9:5)

넷째, 하나님의 사람에게 예의를 갖춘 사람입니다.(삼상 9:6~9)

"사울이 그의 사환에게 이르되 우리가 가면 그 사람에게 무엇을 드리겠느냐 우리 주머니에 먹을 것이 다하였으니 하나님의 사람에게 드릴 예물이 없도다 무엇이 있느냐 하니"(삼상 9:7)

다섯째, 이스라엘 백성들의 구원을 위해 예비된 사람입니다.

"사울이 오기 전날에 여호와께서 사무엘에게 알게 하여 이르시되 내일 이맘 때에 내가 베냐민 땅에서 한 사람을 네게로 보내리니 너는 그에게 기름을 부어 내 백성 이스라엘의 지도자로 삼으라 그가 내 백성을 블레셋 사람들의 손에서 구원하리라 내 백성의 부르짖음이 내게 상달되었으므로 내가 그들을 돌보았노라 하셨더니"(삼상 9:15~16)

여섯째, 이스라엘 백성들에게 존경받는 사람입니다.

"사흘 전에 잃은 네 암나귀들을 염려하지 말라 찾았느니라 온 이스라엘이 사모하는 자가 누구냐 너와 네 아버지의 온 집이 아니냐 하는지라"(삼상 9:20)

일곱번째, 겸손한 사람입니다.

"사울이 대답하여 이르되 나는 이스라엘 지파의 가장 작은 지파 베냐민 사람이 아니니이까 또 나의 가족은 베냐민 지파 모든 가족 중에 가장 미약하지 아니하니이까 당신이 어찌하여 내게 이같이 말씀하시나이까 하니"(삼상 9:21)

여덟번째, 하나님께서 높여주신 사람입니다.

"요리인이 넓적다리와 그것에 붙은 것을 가져다가 사울 앞에 놓는지라 사무엘이 이르되 보라 이는 두었던 것이니 네 앞에 놓고 먹으라 내가 백성을 청할 때부터 너를 위하여 이것을 두고 이 때를 기다리게 하였느니라 그 날에 사울이 사무엘과 함께 먹으니라"(삼상 9:24)

사울은 하나님께서 하나님 형상대로 지으심을 받은 사람들에게 주시는 일반 은총의 복을 받은 사람입니다.

그러므로 성삼위 하나님의 은혜로 주신 일반 은총을 소중히 여기며 하나님을 영화롭게 하는 우리 모두가 되기를 기도합니다.

사무엘상 10장 1절

"이에 사무엘이 기름병을 가져다가 사울의 머리에 붓고 입맞추며 이르되 여호와께서 네게 기름을 부으사 그의 기업의 지도자로 삼지 아니하셨느냐"(개역개정판)

"그리고 사무엘이 그 기름의 통을 취했다. 그리고 그가 그의 머리 위에 부었다. 그리고 그가 그에게 입을 맞추었다. 그리고 그가 말했다. 여호와께서 그의 기업 위에 자도자로서 네게 기름붓지 않았느냐?"(원문직역)

사무엘상 10장은 사무엘이 사울에게 직분을 위한 기름 붓는 내용의 말씀입니다.

사무엘에게 기름 부음 받은 사울은?

첫째, 공적 위임을 받았습니다.

"이에 사무엘이 기름병을 가져다가 사울의 머리에 붓고 입맞추며 이르되 여호와께서 네게 기름을 부으사 그의 기업의 지도자로 삼지 아니하셨느냐"(삼상 10:1)

둘째, 하나님께서 주신 소명을 확인했습니다.(삼상 10:2~5)

"그 후에 네가 하나님의 산에 이르리니 그 곳에는 블레셋 사람들의 영문이 있느니라 네가 그리로 가서 그 성읍으로 들어갈 때에 선지자의 무리가 산당에서부터 비파와 소고와 저와 수금을 앞세우고 예언하며 내려오는 것을 만날 것이요"(삼상 10:5)

셋째, 지도자로서의 자격과 면모를 갖추게 되었습니다.

“네게는 여호와의 영이 크게 임하리니 너도 그들과 함께 예언을 하고 변하여 새 사람이 되리라”(삼상 10:6)

“그가 사무엘에게서 떠나려고 몸을 돌이킬 때에 하나님이 새 마음을 주셨고 그 날 그 징조도 다 응하니라”(삼상 10:9)

“사울이 그의 숙부에게 말하되 그가 암나귀들을 찾았다고 우리에게 분명히 말하더이다 하고 사무엘이 말하던 나라의 일은 말하지 아니하니라”(삼상 10:16)

“어떤 불량배는 이르되 이 사람이 어떻게 우리를 구원하겠느냐 하고 멸시하며 예물을 바치지 아니하였으나 그는 잠잠하였더라”(삼상 10:27)

넷째, 공적으로 임명 받았습니다.(삼상 10:17~27)

“사무엘이 모든 백성에게 이르되 너희는 여호와께서 택하신 자를 보느냐 모든 백성 중에 짝할 이가 없느니라 하니 모든 백성이 왕의 만세를 외쳐 부르니라 사무엘이 나라의 제도를 백성에게 말하고 책에 기록하여 여호와 앞에 두고 모든 백성을 각기 집으로 보내매”(삼상 10:24~25)

교회 머리이신 예수 그리스도께서는 지금도 당신의 몸 된 교회에서 치리회(당회, 노회, 총회)를 가지시고 성도들 앞에서 공적 안수로 임명하시고 직분을 허락하십니다.

“네 속에 있는 은사 곧 장로의 회에서 안수 받을 때에 예언을 통하여 받은 것을 가볍게 여기지 말며 이 모든 일에 전심 전력하여 너의 성숙함을 모든 사람에게 나타나게 하라 네가 네 자신과 가르침을 살펴 이 일을 계속하라 이것은 행함으로 네 자신과 네게 듣는 자를 구원하리라”(딤전 4:14~16)

그러므로 성삼위 하나님의 은혜로 받은 직분에 변하지 않고 충성하며 하나님을 영화롭게 하는 우리 모두가 되기를 기도합니다.

사무엘상 11장 15절

"모든 백성이 길갈로 가서 거기서 여호와 앞에서 사울을 왕으로 삼고 길갈에서 여호와 앞에 화목제를 드리고 사울과 이스라엘 모든 사람이 거기서 크게 기뻐하니라"(개역개정판)

"그리고 그 모든 백성이 길갈로 갔다. 그리고 그들이 그곳에서 여호와 앞에서 사울을 왕으로 세웠다. 그리고 그들은 여호와 앞에서 화목제물을 드렸다. 그리고 사울과 이스라엘의 모든 사람들은 그곳에서 매우 기뻐했다"(원문직역)

사무엘상 11장은 사울과 이스라엘 백성들이 길르앗 야베스 거민들을 암몬 사람 나하스로부터 구원하고 사울이 길갈에서 왕으로 등극하는 말씀입니다.

왕으로 등극하는 사울은?

첫째, 성령님 감동으로 의로운 분노를 하는 사람이 되었습니다.(삼상 1:1 - 6)

"사울이 이 말을 들을 때에 하나님의 영에게 크게 감동되매 그의 노가 크게 일어나"(삼상 11:6)

둘째, 하나님 은혜로 이스라엘 백성들을 하나로 연합하는 사람이 되었습니다.

"한 겨리의 소를 잡아 각을 뜨고 전령들의 손으로 그것을 이스라엘 모든 지역에 두루 보내어 이르되 누구든지 나와서 사울과 사무엘을 따르지 아니하면 그의 소들도 이와 같이 하리라 하였더니 여호와의 두려움이 백성에게 임하매 그들이 한 사람 같이 나온지라 사울이 베섹에서 그들의 수를 세어 보니 이스라엘 자손이 삼십만 명이요 유다 사람이 삼만 명이더라"(삼상 11:7~8)

셋째, 하나님 은혜로 전투에 능한 사람이 되었습니다.(삼상 11:9~11)

"이튿날 사울이 백성을 삼 대로 나누고 새벽에 적진 한가운데로 들어가서 날이 더울 때까지 암몬 사람들을 치매 남은 자가 다 흩어져서 둘도 함께 한 자가 없었더라"(삼상 11:11)

넷째, 하나님 은혜로 긍휼을 베푸는 사람이 되었습니다.

"백성이 사무엘에게 이르되 사울이 어찌 우리를 다스리겠느냐 한 자가 누구니이까 그들을 끌어내소서 우리가 죽이겠나이다 사울이 이르되 이 날에는 사람을 죽이지 못하리니 여호와께서 오늘 이스라엘 중에 구원을 베푸셨음이니라"(삼상 11:12~13)

사울은 하나님 은혜로 지도자가 되어 왕으로 등극했습니다.

"모든 백성이 길갈로 가서 거기서 여호와 앞에서 사울을 왕으로 삼고 길갈에서 여호와 앞에 화목제를 드리고 사울과 이스라엘 모든 사람이 거기서 크게 기뻐하니라"(삼상 11:15)

하나님 사람은 하나님 은혜로 만들어 집니다.

"그러나 내가 나 된 것은 하나님의 은혜로 된 것이니 내게 주신 그의 은혜가 헛되지 아니하여 내가 모든 사도보다 더 많이 수고하였으나 내가 한 것이 아니요 오직 나와 함께 하신 하나님의 은혜로라"(고전 15:10)

그러므로 성삼위 하나님의 은혜로 하나님 사람으로 만들어져 하나님을 영화롭게 하는 우리 모두가 되기를 기도합니다.

사무엘상 12장 24절

"너희는 여호와께서 너희를 위하여 행하신 그 큰 일을 생각하여 오직 그를 경외하며 너희의 마음을 다하여 진실히 섬기라"(개역개정판)

"너희는 오직 여호와를 두려워하라. 그리고 너희는 그를 진리 안에서 너희의 모든 마음으로 섬기라. 참으로 너희는 그가 너희를 위해 그 크게 행하신 것을 보아라"(원문직역)

사무엘상 12장은 사무엘이 왕정 정치시대에 돌입한 이스라엘 백성들에게 하는 충고의 말씀입니다.

왕정 정치시대를 허락하신 하나님은?

첫째, 죄와 사망에서 구원하신 분입니다.

"사무엘이 백성에게 이르되 모세와 아론을 세우시며 너희 조상들을 애굽 땅에서 인도하여 내신 이는 여호와이시니"(삼상 12:6)

둘째, 징계하시는 분입니다.

"그들이 그들의 하나님 여호와를 잊은지라 여호와께서 그들을 하솔 군사령관 시스라의 손과 블레셋 사람들의 손과 모압 왕의 손에 넘기셨더니 그들이 저희를 치매"(삼상 12:9)

셋째, 생명얻는 회개의 은총을 주시는 분입니다.

"백성이 여호와께 부르짖어 이르되 우리가 여호와를 버리고 바알들과 아스다롯을 섬김으로 범죄하였나이다 그러하오나 이제 우리를 원수들의 손에서 건져내소서 그리하시면 우리가 주를 섬기겠나이다 하매"(삼상 12:10)

넷째, 긍휼을 베푸시는 분입니다.

"여호와께서 여룹바알과 베단과 입다와 나 사무엘을 보내사 너희를 너희 사방 원수의 손에서 건져내사 너희에게 안전하게 살게 하셨거늘"(삼상 12:11)

다섯째, 경고하시고 징계하시는 분입니다.

"너희가 만일 여호와의 목소리를 듣지 아니하고 여호와의 명령을 거역하면 여호와의 손이 너희의 조상들을 치신 것 같이 너희를 치실 것이라"(삼상 12:15)

"만일 너희가 여전히 악을 행하면 너희와 너희 왕이 다 멸망하리라"(삼상 12:25)

연약한 그리스도인들을 예표하는 이스라엘 백성들은?

첫째, 하나님보다 바알신(세상적인 부와 명예와 권세와 영광)과 아세라신(세상적인 기쁨과 즐거움과 성적 쾌락)을 더 사랑합니다.

"백성이 여호와께 부르짖어 이르되 우리가 여호와를 버리고 바알들과 아스다롯을 섬김으로 범죄하였나이다 그러하오나 이제 우리를 원수들의 손에서 건져내소서 그리하시면 우리가 주를 섬기겠나이다 하매"(삼상 12:10)

둘째, 하나님의 다스림을 싫어합니다.

"이제 너희가 구한 왕, 너희가 택한 왕을 보라 여호와께서 너희 위에 왕을 세우셨느니라"(삼상 12:13)

사무엘은 예수 그리스도를 예표합니다.

영원한 제사장이시며 유일한 중보자이신 예수님께서는 우리를 품에 안으시고 날마다 중보 기도하십니다.

> "나는 너희를 위하여 기도하기를 쉬는 죄를 여호와 앞에 결단코 범하지 아니하고"(삼상 12:23상)

영원한 선지자이신 예수님께서는 성령님과 말씀과 말씀의 사역자들을 가지시고 날마다 말씀을 가르치십니다.

> "선하고 의로운 길을 너희에게 가르칠 것인즉"(삼상 12:23하)

진실한 그리스도인들은 삼위일체 하나님과 예수 그리스도의 크신 사역을 마음 판에 새기고 하나님을 경외하며 진리 안에서 하나님을 받들어 섬기는 사람들입니다.

> "너희는 여호와께서 너희를 위하여 행하신 그 큰 일을 생각하여 오직 그를 경외하며 너희의 마음을 다하여 진실히 섬기라"(삼상 12:24)

그러므로 성삼위 하나님의 은혜로 그리스도인의 바른 위치에서 살아가며 하나님을 영화롭게 하는 우리 모두가 되기를 기도합니다.

사무엘상 13장 1절

"사울이 왕이 될 때에 사십 세라 그가 이스라엘을 다스린 지 이 년에"(개역개정판)

"사울이 왕이 된 첫 해 이었고 그리고 그는 이스라엘을 2년 동안 통치했다"(원문직역)

사무엘상 13장은 사울 왕 통치 2년에 블레셋과의 전쟁 상황과 사울 왕의 불순종과 사무엘 선지자의 책망의 말씀입니다.

이스라엘 나라는 신정 국가이며 구약 교회입니다.

교회(구약 교회, 신약 교회)에는 교회 머리이신 예수 그리스도를 드러내는 삼중직임이 있습니다.

구약 교회에는 예수 그리스도께서 영원한 선지자이심을 드러내는 선지자 직분과 영원한 제사장이심을 드러내는 제사장 직분과 영원한 왕이심을 드러내는 왕의 직분이 있습니다.

신약 교회에도 항존 직원인 목사와 장로와 안수 집사의 직분과 교회가 교회의 유익을 위해 교회의 권세로 세우는 임시 직원인 권사와 서리 집사와 주일학교 교사 등과 같은 직원들과 성도들이 있습니다.

사울 당시의 인접 국가의 왕들은 제정 일치의 왕이었습니다. 왕이 제사장의 사역을 함께 담당하는 정치 제도였습니다.

사울 왕 2년 통치 시대 블레셋과의 전쟁 상황은 최악이었습니다.

"블레셋 사람들이 이스라엘과 싸우려고 모였는데 병거가 삼만이요 마병이 육천 명이요 백성은 해변의 모래 같이 많더라 그들이 올라와 벧아웬 동쪽 믹마스에 진 치매 이스라엘 사람들이 위급함을 보고 절박하여 굴과 수풀과 바위 틈과 은밀한 곳과 웅덩이에 숨으며 어떤 히브리 사람들은 요단을 건너 갓과 길르앗 땅으로 가되 사울은 아직 길갈에 있고 그를 따른 모든 백성은 떨더라 사울은 사무엘이 정한 기한대로 이레 동안을 기다렸으나 사무엘이 길갈로 오지 아니하매 백성이 사울에게서 흩어지는지라"(삼상 13:5~8)

사울은 최악의 상황에서 "Jus Divinum"(유스 디비눔: 신적 규례, 신적 권위, 하나님의 법)인 바른 교리와 바른 예배와 바른 교회 질서(법, 정치)를 버리고 인접 국가 왕의 제정 일치 제도를 따라 자신이 직접 제사장 역할을 합니다.

"사울이 이르되 번제와 화목제물을 이리로 가져오라 하여 번제를 드렸더니 번제 드리기를 마치자 사무엘이 온지라 사울이 나가 맞으며 문안하매 사무엘이 이르되 왕이 행하신 것이 무엇이냐 하니 사울이 이르되 백성은 내게서 흩어지고 당신은 정한 날 안에 오지 아니하고 블레셋 사람은 믹마스에 모였음을 내가 보았으므로 이에 내가 이르기를 블레셋 사람들이 나를 치러 길갈로 내려오겠거늘 내가 여호와께 은혜를 간구하지 못하였다 하고 부득이하여 번제를 드렸나이다 하니라"(삼상 13:9~12)

자신의 분수를 넘어서 번제를 드린 사울 왕의 행위는 "Jus Divinum"을 버리고 인본주의를 따르는 "싸칼"(어리석은 행동)입니다.

"사무엘이 사울에게 이르되 왕이 망령되이 행하였도다 왕이 왕의 하나님 여호와께서 왕에게 내리신 명령을 지키지 아니하였도다 그리하였더라면 여호와께서 이스라엘 위에 왕의 나라를 영원히 세우셨을 것이거늘"(삼상 13:13)

하나님은 "Jus Divinum"인 바른 교리와 바른 예배와 바른 교회법에 순종하는 사람을 쓰십니다.

> "지금은 왕의 나라가 길지 못할 것이라 여호와께서 왕에게 명령하신 바를 왕이 지키지 아니하였으므로 여호와께서 그의 마음에 맞는 사람을 구하여 여호와께서 그를 그의 백성의 지도자로 삼으셨느니라 하고"(삼상 13:14)

그리스도인은 "아노미아"(불법)을 행하는 사람이 아닙니다.

> "그 날에 많은 사람이 나더러 이르되 주여 주여 우리가 주의 이름으로 선지자 노릇하며 주의 이름으로 귀신을 쫓아 내며 주의 이름으로 많은 권능을 행하지 아니하였나이까 하리니 그 때에 내가 그들에게 밝히 말하되 내가 너희를 도무지 알지 못하니 불법을 행하는 자들아 내게서 떠나가라 하리라"(마 7:22~23)
>
> "경기하는 자가 법대로 경기하지 아니하면 승리자의 관을 얻지 못할 것이며"(딤후 2:5)

그러므로 성삼위 하나님의 은혜로 "Jus Divum"에 순종하며 하나님을 영화롭게 하는 우리 모두가 되기를 기도합니다.

사무엘상 14장 1절

"하루는 사울의 아들 요나단이 자기의 무기를 든 소년에게 이르되 우리가 건너편 블레셋 사람들의 부대로 건너가자 하고 그의 아버지에게는 아뢰지 아니하였더라"(개역개정판)

"그리고 그 어느날이었다. 그리고 사울의 아들 요나단이 그의 무기를 드는 그 소년에게 말하였다. 너는 오라 그리고 우리가 블레셋 사람들의 부대로 건너가자. 그러나 그의 아버지에게는 그가 알리지 않았다"(원문직역)

사무엘상 14장은 블레셋과의 전투에서 이스라엘 백성들이 승리하는 내용의 말씀입니다.

사울의 아들 요나단은 이스라엘의 숙적인 블레셋을 무찌르는 견인차 역할을 했습니다.

영적 전쟁에서 승리하는 그리스도인은?

첫째, 하나님에 대한 지식이 있는 사람입니다.(삼상 14:4~7)

"요나단이 자기의 무기를 든 소년에게 이르되 우리가 이 할례 받지 않은 자들에게로 건너가자 여호와께서 우리를 위하여 일하실까 하노라 여호와의 구원은 사람이 많고 적음에 달리지 아니하였느니라"(삼상 14:6)

둘째, 하나님의 섭리(보존과 통치)를 믿는 사람입니다.(삼상 14:8~11)

"그들이 만일 말하기를 우리에게로 올라오라 하면 우리가 올라갈 것은 여호와께서 그들을 우리 손에 넘기셨음이니 이것이 우리에게 표징이 되리라 하고"(삼상 14:10)

셋째, 하나님과 동행하는 강하고 담대한 사람입니다.(삼상 14:12~15)

"요나단이 손 발로 기어 올라갔고 그 무기를 든 자도 따랐더라 블레셋 사람들이 요나단 앞에서 엎드러지매 무기를 든 자가 따라가며 죽였으니 요나단과 그 무기를 든 자가 반나절 갈이 땅 안에서 처음으로 쳐죽인 자가 이십 명 가량이라"(삼상 14:13~14)

넷째, 지혜로운 사람입니다.(삼상 14:24~34)

"요나단이 이르되 내 아버지께서 이 땅을 곤란하게 하셨도다 보라 내가 이 꿀 조금을 맛보고도 내 눈이 이렇게 밝아졌거든 하물며 백성이 오늘 그 대적에게서 탈취하여 얻은 것을 임의로 먹었더라면 블레셋 사람을 살륙함이 더욱 많지 아니하였겠느냐"(삼상 14:29~30)

다섯째, 죄를 인정하는 사람입니다.(삼상 14:35~45)

"사울이 요나단에게 이르되 네가 행한 것을 내게 말하라 요나단이 말하여 이르되 내가 다만 내 손에 가진 지팡이 끝으로 꿀을 조금 맛보았을 뿐이오나 내가 죽을 수 밖에 없나이다"(삼상 14:43)

그리스도인은 하나님과 동행하며 강하고 담대한 믿음과 선한 지혜로 영적 전쟁에서 승리하는 사람입니다.

"오직 위로부터 난 지혜는 첫째 성결하고 다음에 화평하고 관용하고 양순하며 긍휼과 선한 열매가 가득하고 편견과 거짓이 없나니 화평하게 하는 자들은 화평으로 심어 의의 열매를 거두느니라"(약 3:17~18)

그러므로 성삼위 하나님의 은혜로 하나님과 동행하며 강하고 담대한 믿음과 선한 지혜로 영적 전쟁에서 승리하며 하나님을 영화롭게 하는 우리 모두가 되기를 기도합니다.

사무엘상 15장 22절

"사무엘이 이르되 여호와께서 번제와 다른 제사를 그의 목소리를 청종하는 것을 좋아하심 같이 좋아하시겠나이까 순종이 제사보다 낫고 듣는 것이 숫양의 기름보다 나으니"(개역개정판)

"그리고 사무엘이 말하였다. 여호와께서 번제들과 희생제물들을 여호와의 음성을 듣는 것만큼 기뻐하시겠습니까? 보라, 듣는 것이 희생 제물보다 낫고 귀를 기울이는 것이 숫양의 기름보다(나으니)"(원문직역)

사무엘상 15장은 사울 왕이 하나님 말씀에 불순종하므로 왕의 자격에서 박탈 당하는 내용의 말씀입니다.

하나님 나라에서 왕 같은 제사장의 위치에서 사는 그리스도인들은?

첫째, 하나님 말씀에 순종하는 사람들입니다.(삼상 15:1~11)

"지금 가서 아말렉을 쳐서 그들의 모든 소유를 남기지 말고 신멸하되 남녀와 소아와 젖 먹는 아이와 우양과 낙타와 나귀를 죽이라 하셨나이다 하니"(삼상 15:3)
"사울과 백성이 아각과 그의 양과 소의 가장 좋은 것 또는 기름진 것과 어린 양과 모든 좋은 것을 남기고 진멸하기를 즐겨 아니하고 가치 없고 하찮은 것은 진멸하니라"(삼상 15:9)
"여호와의 말씀이 사무엘에게 임하니라 이르시되 내가 사울을 왕으로 세운 것을 후회하노니 그가 돌이켜서 나를 따르지 아니하며 내 명령을 행하지 아니하였음이니라 하신지라 사무엘이 근심하여 온 밤을 여호와께 부르짖으니라"(삼상 15:10~11)
"사무엘이 죽는 날까지 사울을 다시 가서 보지 아니하였으니 이는 그가 사울을 위

하여 슬퍼함이었고 여호와께서는 사울을 이스라엘 왕으로 삼으신 것을 후회하셨더라"(삼상 15:35)

둘째, 자신을 높이는 사람이 아닙니다.

"사무엘이 사울을 만나려고 아침에 일찍이 일어났더니 어떤 사람이 사무엘에게 말하여 이르되 사울이 갈멜에 이르러 자기를 위하여 기념비를 세우고 발길을 돌려 길갈로 내려갔다 하는지라"(삼상 15:12)

셋째, 거짓을 행하는 사람이 아닙니다.

"사무엘이 사울에게 이른즉 사울이 그에게 이르되 원하건대 당신은 여호와께 복을 받으소서 내가 여호와의 명령을 행하였나이다 하니 사무엘이 이르되 그러면 내 귀에 들려오는 이 양의 소리와 내게 들리는 소의 소리는 어찌 됨이니이까 하니라"(삼상 15:13~14)

넷째, 순종의 법이 제사법 보다 상위법임을 아는 사람입니다.(삼상 15:15~23)

"사무엘이 이르되 여호와께서 번제와 다른 제사를 그의 목소리를 청종하는 것을 좋아하심 같이 좋아하시겠나이까 순종이 제사보다 낫고 듣는 것이 숫양의 기름보다 나으니 이는 거역하는 것은 점치는 죄와 같고 완고한 것은 사신 우상에게 절하는 죄와 같음이라 왕이 여호와의 말씀을 버렸으므로 여호와께서도 왕을 버려 왕이 되지 못하게 하셨나이다 하니"(삼상 15:22~23)

다섯째, 하나님만 두려워하는 사람입니다.

"사울이 사무엘에게 이르되 내가 범죄하였나이다 내가 여호와의 명령과 당신의 말씀을 어긴 것은 내가 백성을 두려워하여 그들의 말을 청종하였음이니이다"(삼상 15:24)

여섯째, 거짓 회개를 하는 사람이 아닙니다.

"청하오니 지금 내 죄를 사하고 나와 함께 돌아가서 나로 하여금 여호와께 경배하게 하소서 하니"(삼상 15:25)

일곱째, 경건을 이익의 재료로 삼는 사람이 아닙니다.

"사울이 이르되 내가 범죄하였을지라도 이제 청하옵나니 내 백성의 장로들 앞과 이스라엘 앞에서 나를 높이사 나와 함께 돌아가서 내가 당신의 하나님 여호와께 경배하게 하소서 하더라"(삼상 15:30)

하나님 나라의 왕 같은 제사장인 그리스도인은 하나님께서 정해 주신 질서의 위치에서 하나님 말씀에 순종하는 사람입니다.

"사울이 이르되 번제와 화목제물을 이리로 가져오라 하여 번제를 드렸더니"(삼상 13:9)

"사무엘이 이르되 여호와께서 번제와 다른 제사를 그의 목소리를 청종하는 것을 좋아하심 같이 좋아하시겠나이까 순종이 제사보다 낫고 듣는 것이 숫양의 기름보다 나으니 이는 거역하는 것은 점치는 죄와 같고 완고한 것은 사신 우상에게 절하는 죄와 같음이라 왕이 여호와의 말씀을 버렸으므로 여호와께서도 왕을 버려 왕이 되지 못하게 하셨나이다 하니"(삼상 15:22~23)

그러므로 성삼위 하나님의 은혜로 하나님께서 정해주신 질서의 위치에서 하나님 말씀에 순종하며 하나님을 영화롭게 하는 우리 모두가 되기를 기도합니다.

사무엘상 16장 1절

"여호와께서 사무엘에게 이르시되 내가 이미 사울을 버려 이스라엘 왕이 되지 못하게 하였거늘 네가 그를 위하여 언제까지 슬퍼하겠느냐 너는 뿔에 기름을 채워 가지고 가라 내가 너를 베들레헴 사람 이새에게로 보내리니 이는 내가 그의 아들 중에서 한 왕을 보았느니라 하시는지라"(개역개정판)

"그리고 여호와께서 사무엘에게 말씀하였다. 네가 언제까지 사울에 대해 슬퍼하겠느냐? 그리고 내가 그를 이스라엘 위에 왕으로 있는 것을 거절했다. 너는 너의 뿔에 기름을 채우라. 그리고 너는 가라. 내가 베들레헴 사람 이새에게 너를 보낸다. 왜냐하면 내가 그의 아들들 가운데 나를 위하여 왕을 보았기(택했기) 때문이다"(원문직역)

사무엘상 16장은 사무엘 선지자가 다윗에게 차기 이스라엘 왕으로 기름 붓는 내용의 말씀입니다.

다윗에게 차기 이스라엘 왕으로 다윗에게 기름 부으시는 하나님은?

첫째, 선하시고 자유로우시고 기쁘신 뜻을 이루시기 위해 작정하시고 예정하시는 분입니다.

"여호와께서 사무엘에게 이르시되 내가 이미 사울을 버려 이스라엘 왕이 되지 못하게 하였거늘 네가 그를 위하여 언제까지 슬퍼하겠느냐 너는 뿔에 기름을 채워 가지고 가라 내가 너를 베들레헴 사람 이새에게로 보내리니 이는 내가 그의 아들 중에서 한 왕을 보았느니라 하시는지라"(삼상 16:1)

둘째, 지혜를 주시는 분입니다.(삼상 16:2~5)

"사무엘이 이르되 내가 어찌 갈 수 있으리이까 사울이 들으면 나를 죽이리이다 하니 여호와께서 이르시되 너는 암송아지를 끌고 가서 말하기를 내가 여호와께 제사를 드리러 왔다 하고 이새를 제사에 청하라 내가 네게 행할 일을 가르치리니 내가 네게 알게 하는 자에게 나를 위하여 기름을 부을지니라"(삼상 16:2~3)

셋째, 마음을 보시는 분입니다.(삼상 16:6~11)

"여호와께서 사무엘에게 이르시되 그의 용모와 키를 보지 말라 내가 이미 그를 버렸노라 내가 보는 것은 사람과 같지 아니하니 사람은 외모를 보거니와 나 여호와는 중심을 보느니라 하시더라"(삼 16:7)

넷째, 언약을 신실하게 이행하시는 분입니다.

"이에 사람을 보내어 그를 데려오매 그의 빛이 붉고 눈이 빼어나고 얼굴이 아름답더라 여호와께서 이르시되 이가 그니 일어나 기름을 부으라 하시는지라 사무엘이 기름 뿔병을 가져다가 그의 형제 중에서 그에게 부었더니 이 날 이후로 다윗이 여호와의 영에게 크게 감동되니라 사무엘이 떠나서 라마로 가니라"(삼상 16:12~13)

"유다야 너는 네 형제의 찬송이 될지라 네 손이 네 원수의 목을 잡을 것이요 네 아버지의 아들들이 네 앞에 절하리로다 유다는 사자 새끼로다 내 아들아 너는 움킨 것을 찢고 올라갔도다 그가 엎드리고 웅크림이 수사자 같고 암사자 같으니 누가 그를 범할 수 있으랴 규가 유다를 떠나지 아니하며 통치자의 지팡이가 그 발 사이에서 떠나지 아니하기를 실로가 오시기까지 이르리니 그에게 모든 백성이 복종하리로다 그의 나귀를 포도나무에 매며 그의 암나귀 새끼를 아름다운 포도나무에 맬 것이며 또 그 옷을 포도주에 빨며 그의 복장을 포도즙에 빨리로다 그의 눈은 포도주로 인하여 붉겠고 그의 이는 우유로 말미암아 희리로다"(창 49:8~12)

다섯째, 하나님의 영광과 하나님의 나라와 예수 그리스도의 몸 된 교회를 위해 성령님을 주시는 분입니다.

"사무엘이 기름 뿔병을 가져다가 그의 형제 중에서 그에게 부었더니 이 날 이후로 다윗이 여호와의 영에게 크게 감동되니라 사무엘이 떠나서 라마로 가니라"(삼상 16:13)

여섯째, 사단을 다스리는 분입니다.(삼상 16:14~23)

"여호와의 영이 사울에게서 떠나고 여호와께서 부리시는 악령이 그를 번뇌하게 한지라 사울의 신하들이 그에게 이르되 보소서 하나님께서 부리시는 악령이 왕을 번뇌하게 하온즉"(삼상 16:14~15)

하나님께서는 하나님의 영광을 위하여 우리들을 예수 그리스도 안에서 작정하시고 예정하시고 기업으로 삼으셨습니다.

"모든 일을 그의 뜻의 결정대로 일하시는 이의 계획을 따라 우리가 예정을 입어 그 안에서 기업이 되었으니"(엡 1:11)

그러므로 성삼위 하나님의 은혜로 하나님의 절대적 주권에 순종하며 하나님을 영화롭게 하는 우리 모두가 되기를 기도합니다.

사무엘상 17장 15절

"다윗은 사울에게로 왕래하며 베들레헴에서 그의 아버지의 양을 칠 때에"(개역개정판)

"그리고 다윗은 사울에게로 왔다 갔다 하면서 베들레헴 그의 아버지 양떼를 쳤다"(원문직역)

사무엘상 17장은 이스라엘이 블레셋과의 전투에서 다윗이 골리앗을 이기고 승리하는 내용의 말씀입니다.

영적 전쟁에서 승리하는 그리스도인은?

첫째, 주 안에서 부모에게 순종하는 사람입니다.(삼상 17:12~21)

"이새가 그의 아들 다윗에게 이르되 지금 네 형들을 위하여 이 볶은 곡식 한 에바와 이 떡 열 덩이를 가지고 진영으로 속히 가서 네 형들에게 주고 이 치즈 열 덩이를 가져다가 그들의 천부장에게 주고 네 형들의 안부를 살피고 증표를 가져오라 그 때에 사울과 그들과 이스라엘 모든 사람들은 엘라 골짜기에서 블레셋 사람들과 싸우는 중이더라"(삼상 17:17~19)

둘째, 지체들과 싸우지 않는 사람입니다.(삼상 17:22~30)

"큰형 엘리압이 다윗이 사람들에게 하는 말을 들은지라 그가 다윗에게 노를 발하여 이르되 네가 어찌하여 이리로 내려왔느냐 들에 있는 양들을 누구에게 맡겼느냐 나는 네 교만과 네 마음의 완악함을 아노니 네가 전쟁을 구경하러 왔도다 다윗이 이르되 내가 무엇을 하였나이까 어찌 이유가 없으리이까 하고 돌아서서 다른 사람을 향하여 전과 같이 말하매 백성이 전과 같이 대답하니라"(삼상 17:28~30)

셋째, 훈련되어 준비된 사람입니다.(삼상 17:31~35)

"다윗이 사울에게 말하되 주의 종이 아버지의 양을 지킬 때에 사자나 곰이 와서 양 떼에서 새끼를 물어가면 내가 따라가서 그것을 치고 그 입에서 새끼를 건져내었고 그것이 일어나 나를 해하고자 하면 내가 그 수염을 잡고 그것을 쳐죽였나이다"(삼상 17:34~35)

넷째, 예수 그리스도의 몸 된 교회를 위해 싸우는 사람입니다.

"주의 종이 사자와 곰도 쳤은즉 살아 계시는 하나님의 군대를 모욕한 이 할례 받지 않은 블레셋 사람이리이까 그가 그 짐승의 하나와 같이 되리이다"(삼상 17:36)

다섯째, 하나님과 동행하는 사람입니다.

"또 다윗이 이르되 여호와께서 나를 사자의 발톱과 곰의 발톱에서 건져내셨은즉 나를 이 블레셋 사람의 손에서도 건져내시리이다 사울이 다윗에게 이르되 가라 여호와께서 너와 함께 계시기를 원하노라"(삼상 17:37)

여섯째, 하나님 영광을 위해 싸우는 사람입니다.(삼상 17:45~51)

"다윗이 블레셋 사람에게 이르되 너는 칼과 창과 단창으로 내게 나아 오거니와 나는 만군의 여호와의 이름 곧 네가 모욕하는 이스라엘 군대의 하나님의 이름으로 네게 나아가노라 오늘 여호와께서 너를 내 손에 넘기시리니 내가 너를 쳐서 네 목을 베고 블레셋 군대의 시체를 오늘 공중의 새와 땅의 들짐승에게 주어 온 땅으로 이스라엘에 하나님이 계신 줄 알게 하겠고 또 여호와의 구원하심이 칼과 창에 있지 아니함을 이 무리에게 알게 하리라 전쟁은 여호와께 속한 것인즉 그가 너희를 우리 손에 넘기시리라"(삼상 17:45~47)

영적 전쟁을 치루는 그리스도인들은 혈과 육을 가진 사람들과 싸우지 않고 하나님께서 입혀주시는 전신갑주를 입고 성령님과 말씀을 따라 신령한 전투를 치루는 사람들입니다.

"우리의 씨름은 혈과 육을 상대하는 것이 아니요 통치자들과 권세들과 이 어둠의 세상 주관자들과 하늘에 있는 악의 영들을 상대함이라 그러므로 하나님의 전신 갑주를 취하라 이는 악한 날에 너희가 능히 대적하고 모든 일을 행한 후에 서기 위함이라 그런즉 서서 진리로 너희 허리 띠를 띠고 의의 호심경을 붙이고 평안의 복음이 준비한 것으로 신을 신고 모든 것 위에 믿음의 방패를 가지고 이로써 능히 악한 자의 모든 불화살을 소멸하고 구원의 투구와 성령의 검 곧 하나님의 말씀을 가지라 모든 기도와 간구를 하되 항상 성령 안에서 기도하고 이를 위하여 깨어 구하기를 항상 힘쓰며 여러 성도를 위하여 구하라"(엡 6:12~18)

그러므로 성삼위 하나님의 은혜로 날마다 치루는 영적 전쟁에서 승리하며 하나님을 영화롭게 하는 우리 모두가 되기를 기도합니다.

사무엘상 18장 12절

"여호와께서 사울을 떠나 다윗과 함께 계시므로 사울이 그를 두려워한지라"(개역개정판)

"그러고 사울이 다윗 때문에 두려워했다. 왜냐하면 여호와가 그와 함께 계셨기 때문이다. 그러나 사울과 함께 있는 것으로부터 그분은 떠났다"(원문직역)

사무엘상 18장은 다윗이 사울 왕에게 시기와 질투와 미움과 두려움의 대상이 되고 사울 왕의 아들인 요나단과 우정을 나누며 사울 왕의 딸인 미갈의 남편이 되는 내용의 말씀입니다.

사울 왕이 두려워하는 다윗은?

첫째, 사랑받는 사람입니다.

"다윗이 사울에게 말하기를 마치매 요나단의 마음이 다윗의 마음과 하나가 되어 요나단이 그를 자기 생명 같이 사랑하니라"(삼상 18:1)

둘째, 신뢰받는 사람입니다.

"그 날에 사울은 다윗을 머무르게 하고 그의 아버지의 집으로 다시 돌아가기를 허락하지 아니하였고"(삼상 18:2)

셋째, 지혜로운 사람입니다.

"다윗은 사울이 보내는 곳마다 가서 지혜롭게 행하매 사울이 그를 군대의 장으로 삼았더니 온 백성이 합당히 여겼고 사울의 신하들도 합당히 여겼더라"(삼상 18:5)

"다윗이 그의 모든 일을 지혜롭게 행하니라 여호와께서 그와 함께 계시니라 사울은 다윗이 크게 지혜롭게 행함을 보고 그를 두려워하였으나"(삼상 18:14~15)
"블레셋 사람들의 방백들이 싸우러 나오면 그들이 나올 때마다 다윗이 사울의 모든 신하보다 더 지혜롭게 행하매 이에 그의 이름이 심히 귀하게 되니라"(삼상 18:30)

셋째, 인정받는 사람입니다.

"무리가 돌아올 때 곧 다윗이 블레셋 사람을 죽이고 돌아올 때에 여인들이 이스라엘 모든 성읍에서 나와서 노래하며 춤추며 소고와 경쇠를 가지고 왕 사울을 환영하는데 여인들이 뛰놀며 노래하여 이르되 사울이 죽인 자는 천천이요 다윗은 만만이로다 한지라"(삼상 18:6~7)

넷째, 하나님과 동행하는 사람입니다.

"여호와께서 사울을 떠나 다윗과 함께 계시므로 사울이 그를 두려워한지라"(삼상 18:12)

다섯째, 겸손한 사람입니다.

"다윗이 사울에게 이르되 내가 누구며 이스라엘 중에 내 친속이나 내 아버지의 집이 무엇이기에 내가 왕의 사위가 되리이까 하였더니"(삼상 18:18)
"사울의 신하들이 이 말을 다윗의 귀에 전하매 다윗이 이르되 왕의 사위 되는 것을 너희는 작은 일로 보느냐 나는 가난하고 천한 사람이라 한지라"(삼상 18:23)

여섯째, 강하고 담대한 사람입니다.

"다윗이 일어나서 그의 부하들과 함께 가서 블레셋 사람 이백 명을 죽이고 그들의 포피를 가져다가 수대로 왕께 드려 왕의 사위가 되고자 하니 사울이 그의 딸 미갈을 다윗에게 아내로 주었더라"(삼상 18:27)

사울은 시기와 질투와 미움이 가득한 사람이었습니다.

"여인들이 뛰놀며 노래하여 이르되 사울이 죽인 자는 천천이요 다윗은 만만이로다 한지라 사울이 그 말에 불쾌하여 심히 노하여 이르되 다윗에게는 만만을 돌리고 내게는 천천만 돌리니 그가 더 얻을 것이 나라 말고 무엇이냐 하고 그 날 후로 사울이 다윗을 주목하였더라"(삼상 18:7~9)

"여호와께서 다윗과 함께 계심을 사울이 보고 알았고 사울의 딸 미갈도 그를 사랑하므로 사울이 다윗을 더욱더욱 두려워하여 평생에 다윗의 대적이 되니라"(삼상 18:28~29)

시기와 질투는 혈기와 분노보다 무서운 육체의 소욕입니다.

"평온한 마음은 육신의 생명이나 시기는 뼈를 썩게 하느니라"(잠 14:30)

"돌은 무겁고 모래도 가볍지 아니하거니와 미련한 자의 분노는 이 둘보다 무거우니라 분은 잔인하고 노는 창수 같거니와 투기 앞에야 누가 서리요"(잠 27:3~4)

시기와 질투는 정욕적이고 세상적이고 악하고 마귀적인 지혜를 소유하게 합니다.

"사울이 다윗에게 이르되 내 맏딸 메랍을 네게 아내로 주리니 오직 너는 나를 위하여 용기를 내어 여호와의 싸움을 싸우라 하니 이는 그가 생각하기를 내 손을 그에게 대지 않고 블레셋 사람들의 손을 그에게 대게 하리라 함이라"(삼상 18:17)

"사울이 이르되 너희는 다윗에게 이같이 말하기를 왕이 아무 것도 원하지 아니하고 다만 왕의 원수의 보복으로 블레셋 사람들의 포피 백 개를 원하신다 하라 하였으니 이는 사울의 생각에 다윗을 블레셋 사람들의 손에 죽게 하리라 함이라"(삼상 18:25)

"그러나 너희 마음 속에 독한 시기와 다툼이 있으면 자랑하지 말라 진리를 거슬러 거짓말하지 말라 이러한 지혜는 위로부터 내려온 것이 아니요 땅 위의 것이요 정욕의 것이요 귀신의 것이니 시기와 다툼이 있는 곳에는 혼란과 모든 악한 일이 있음이라"(약 3:14~16)

그리스도인은 하나님께서 주시는 지혜로 사는 사람들입니다.

"오직 위로부터 난 지혜는 첫째 성결하고 다음에 화평하고 관용하고 양순하며 긍휼과 선한 열매가 가득하고 편견과 거짓이 없나니 화평하게 하는 자들은 화평으로 심어 의의 열매를 거두느니라"(약 3:17~18)

그러므로 성삼위 하나님의 은혜로 하나님께서 주시는 지혜로 살아가며 하나님을 영화롭게 하는 우리 모두가 되기를 기도합니다.

사무엘상 19장 1절

"사울이 그의 아들 요나단과 그의 모든 신하에게 다윗을 죽이라 말하였더니 사울의 아들 요나단이 다윗을 심히 좋아하므로"(개역개정판)

"그리고 사울이 그의 아들 요나단에게 그리고 그의 모든 신하들에게 다윗을 죽이라고 말하였다. 그러나 요나단은 다윗을 매우 좋아했다"(원문직역)

사무엘상 19장은 사울 왕이 다윗을 죽이려는 내용의 말씀입니다.

사울 왕은 악령과 시기와 질투로 다윗을 죽이려고 합니다.

그러나 하나님께서는?

첫째, 요나단을 가지고 보호하십니다.(삼상 19:1~7)

"요나단이 그의 아버지 사울에게 다윗을 칭찬하여 이르되 원하건대 왕은 신하 다윗에게 범죄하지 마옵소서 그는 왕께 득죄하지 아니하였고 그가 왕께 행한 일은 심히 선함이니이다 그가 자기 생명을 아끼지 아니하고 블레셋 사람을 죽였고 여호와께서는 온 이스라엘을 위하여 큰 구원을 이루셨으므로 왕이 이를 보고 기뻐하셨거늘 어찌 까닭 없이 다윗을 죽여 무죄한 피를 흘려 범죄하려 하시나이까 사울이 요나단의 말을 듣고 맹세하되 여호와께서 살아 계심을 두고 맹세하거니와 그가 죽임을 당하지 아니하리라"(삼상 19:4~6)

둘째, 사단으로부터 보호하십니다.(삼상 19:8~10)

"사울이 손에 단창을 가지고 그의 집에 앉았을 때에 여호와께서 부리시는 악령이 사울에게 접하였으므로 다윗이 손으로 수금을 탈 때에 사울이 단창으로 다윗을 벽에 박으려 하였으나 그는 사울의 앞을 피하고 사울의 창은 벽에 박힌지라 다윗이 그 밤에 도피하매"(삼상 19:9~10)

셋째, 미갈을 가지고 보호하십니다.(삼상 19:11~17)

"사울이 미갈에게 이르되 너는 어찌하여 이처럼 나를 속여 내 대적을 놓아 피하게 하였느냐 미갈이 사울에게 대답하되 그가 내게 이르기를 나를 놓아 가게 하라 어찌하여 나로 너를 죽이게 하겠느냐 하더이다하니라"(삼상 19:17)

넷째, 사무엘을 가지시고 보호하십니다.

"다윗이 도피하여 라마로 가서 사무엘에게로 나아가서 사울이 자기에게 행한 일을 다 전하였고 다윗과 사무엘이 나욧으로 가서 살았더라"(삼상 19:18)

다섯째, 성령님으로 보호하십니다.(삼상 19:19~24)

"사울이 라마 나욧으로 가니라 하나님의 영이 그에게도 임하시니 그가 라마 나욧에 이르기까지 걸어가며 예언을 하였으며 그가 또 그의 옷을 벗고 사무엘 앞에서 예언을 하며 하루 밤낮을 벗은 몸으로 누웠더라 그러므로 속담에 이르기를 사울도 선지자 중에 있느냐 하니라"(삼상 19:23~24)

하나님은 사망의 음침한 골짜기에서 우리를 건지시고 보호하시는 분입니다.

"내가 사망의 음침한 골짜기로 다닐지라도 해를 두려워하지 않을 것은 주께서 나와 함께 하심이라 주의 지팡이와 막대기가 나를안위하시나이다"(시 23:4)

그러므로 성삼위 하나님의 은혜로 보호받음을 감사하며 하나님을 영화롭게 하는 우리 모두가 되기를 기도합니다.

사무엘상 20장 17절

"다윗에 대한 요나단의 사랑이 그를 다시 맹세하게 하였으니 이는 자기 생명을 사랑함 같이 그를 사랑함이었더라"(개역개정판)

"그리고 요나단이 그가 다윗을 사랑하므로 맹세하기를 반복하였다. 참으로 그는 그의 생명을 사랑함같이 그를 사랑했다"(원문직역)

사무엘상 20장은 다윗을 죽이려는 사울 왕과 보호하려는 요나단과 다윗과 요나단의 우정이 한 편의 서사시처럼 그려진 내용의 말씀입니다.

사무엘상 20장은 다윗과 요나단의 소중하고 고귀한 우정을 표현하고 있습니다.

우리들에게도 그리스도 안에서 소중하고 고귀한 우정을 나누며 더불어 함께 지어져가는 지체들이 많아지면 좋겠습니다.

구속사적 측면으로 보면 다윗은 예수 그리스도를 예표하고 요나난은 그리스도인을 예표합니다.

예수 그리스도를 받들어 섬기는 그리스도인들은 예수 그리스도에게?

첫째, 충성합니다.(삼상 20:1~4)

"요나단이 다윗에게 이르되 네 마음의 소원이 무엇이든지 내가 너를 위하여 그것을 이루리라"(삼상 20:4)
"네가 죽도록 충성하라 그리하면 내가 생명의 관을 네게 주리라"(계 2:10하)

둘째, 자신의 생명보다 더 사랑합니다.(삼상 20:5~17)

"다윗에 대한 요나단의 사랑이 그를 다시 맹세하게 하였으니 이는 자기 생명을 사랑함 같이 그를 사랑함이었더라"(삼상 20:17)
"무릇 내게 오는 자가 자기 부모와 처자와 형제와 자매와 더욱이 자기 목숨까지 미워하지 아니하면 능히 내 제자가 되지 못하고"(눅 14:26)

셋째, 고난을 받습니다.(삼상 20:18~34)

"사울이 요나단에게 화를 내며 그에게 이르되 패역무도한 계집의 소생아 네가 이새의 아들을 택한 것이 네 수치와 네 어미의 벌거벗은 수치 됨을 내가 어찌 알지 못하랴 이새의 아들이 땅에 사는 동안은 너와 네 나라가 든든히 서지 못하리라 그런즉 이제 사람을 보내어 그를 내게로 끌어 오라 그는 죽어야 할 자이니라 한지라 요나단이 그의 아버지 사울에게 대답하여 이르되 그가 죽을 일이 무엇이니이까 무엇을 행하였나이까 사울이 요나단에게 단창을 던져 죽이려 한지라 요나단이 그의 아버지가 다윗을 죽이기로 결심한 줄 알고 심히 노하여 식탁에서 떠나고 그 달의 둘째 날에는 먹지 아니하였으니 이는 그의 아버지가 다윗을 욕되게 하였으므로 다윗을 위하여 슬퍼함이었더라"(삼상 20:30~34)
"그러므로 예수도 자기 피로써 백성을 거룩하게 하려고 성문 밖에서 고난을 받으셨느니라 그런즉 우리도 그의 치욕을 짊어지고 영문 밖으로 그에게 나아가자"(히 13:12~13)

넷째, 신실합니다.(삼상 20:35~42)

"요나단이 다윗에게 이르되 평안히 가라 우리 두 사람이 여호와의 이름으로 맹세하여 이르기를 여호와께서 영원히 나와 너 사이에 계시고 내 자손과 네 자손 사이에 계시리라 하였느니라 하니 다윗은 일어나 떠나고 요나단은 성읍으로 들어가니라"(삼상 20:42)
"내가 디모데를 속히 너희에게 보내기를 주 안에서 바람은 너희의 사정을 앎으로 안위를 받으려 함이니 이는 뜻을 같이하여 너희 사정을 진실히 생각할 자가 이밖에 내게 없음이라 그들이 다 자기 일을 구하고 그리스도 예수의 일을 구하지 아니하되 디모데의 연단을 너희가 아나니 자식이 아버지에게 함같이 나와 함께 복음을 위하여 수고하였느니라"(빌 2:19~22)

예수 그리스도를 받들어 섬기는 그리스도인의 위치는 존귀한 위치입니다.

"아이가 가매 다윗이 곧 바위 남쪽에서 일어나서 땅에 엎드려 세 번 절한 후에 서로 입 맞추고 같이 울되 다윗이 더욱 심하더니"(삼상 20:41)

"땅에 있는 성도들은 존귀한 자들이니 나의 모든 즐거움이 그들에게 있도다"(시 16:3)

"그의 경건한 자들의 죽음은 여호와께서 보시기에 귀중한 것이로다"(시 116:15)

그러므로 성삼위 하나님의 은혜로 예수 그리스도를 사랑하며 하나님을 영화롭게 하는 우리 모두가 되기를 기도합니다 .

사무엘상 21장 6절

"제사장이 그 거룩한 떡을 주었으니 거기는 진설병 곧 여호와 앞에서 물려 낸 떡밖에 없었음이라 이 떡은 더운 떡을 드리는 날에 물려 낸 것이더라"(개역개정판)

"그리고 그 제사장이 거룩한 떡을 그에게 주었다. 왜냐하면 그것을 치우는 날에 따뜻한 떡을 두려고 여호와 앞으로부터 물려낸 진설병 밖에는 거기에 떡이 없었기 때문이다"(원문직역)

사무엘상 21장은 다윗이 사울 왕에게 쫓겨 놉과 가드로 도망하는 내용의 말씀입니다.

다윗은 사울 왕에게 쫓기며 당시 성막이 머물던 놉으로 가서 대제사장인 아히멜렉에게 도움을 청했습니다.

"다윗이 놉에 가서 제사장 아히멜렉에게 이르니 아히멜렉이 떨며 다윗을 영접하여 그에게 이르되 어찌하여 네가 홀로 있고 함께 하는 자가 아무도 없느냐 하니 다윗이 제사장 아히멜렉에게 이르되 왕이 내게 일을 명령하고 이르시기를 내가 너를 보내는 것과 네게 명령한 일은 아무것도 사람에게 알리지 말라 하시기로 내가 나의 소년들을 이러이러한 곳으로 오라고 말하였나이다 이제 당신의 수중에 무엇이 있나이까 떡 다섯 덩이나 무엇이나 있는 대로 내 손에 주소서 하니"(삼상 21:1~3)

아히멜렉 제사장은 일반 떡이 없자 하나님께 안식일 전날 더운 떡을 드리기 위해 물려내는 식은 진설병을 다윗에게 주었습니다.

"제사장이 다윗에게 대답하여 이르되 보통 떡은 내 수중에 없으나 거룩한 떡은 있나니 그 소년들이 여자를 가까이만 하지 아니하였으면 주리라 하는지라 다윗이 제사장에게 대답하여 이르되 우리가 참으로 삼 일 동안이나 여자를 가까이 하지 아니하였나이다 내가 떠난 길이 보통 여행이라도 소년들의 그릇이 성결하겠거든 하물며 오늘 그들의 그릇이 성결하지 아니하겠나이까 하매 제사장이 그 거룩한 떡을 주었으니 거기는 진설병 곧 여호와 앞에서 물려 낸 떡밖에 없었음이라 이 떡은 더운 떡을 드리는 날에 물려 낸 것이더라"(삼상 21:4`6)

거룩한 떡인 진설병은 제사장들만 먹을 수 있습니다.

"너는 고운 가루를 가져다가 떡 열두 개를 굽되 각 덩이를 십분의 이 에바로 하여 여호와 앞 순결한 상 위에 두 줄로 한 줄에 여섯씩 진설하고 너는 또 정결한 유향을 그 각 줄 위에 두어 기념물로 여호와께 화제를 삼을 것이며 안식일마다 이 떡을 여호와 앞에 항상 진설할지니 이는 이스라엘 자손을 위한 것이요 영원한 언약이니라 이 떡은 아론과 그의 자손에게 돌리고 그들은 그것을 거룩한 곳에서 먹을지니 이는 여호와의 화제 중 그에게 돌리는 것으로서 지극히 거룩함이니라 이는 영원한 규례니라"(레 24:5~9)

아히멜렉 제사장은 의식법을 어겼습니다.

그러나 안식일의 주인이시고 교회의 머리이신 예수님은 이 사건을 두고 이렇게 말씀하셨습니다.

"예수께서 이르시되 다윗이 자기와 그 함께한 자들이 시장할 때에 한 일을 읽지 못하였느냐 그가 하나님의 전에 들어가서 제사장 외에는 자기나 그 함께한 자들이 먹어서는 안 되는 진설병을 먹지 아니하였느냐 또 안식일에 제사장들이 성전 안에서 안식을 범하여도 죄가 없음을 너희가 율법에서 읽지 못하였느냐 내가 너희에게 이르노니 성전보다 더 큰 이가 여기 있느니라 나는 자비를 원하고 제사를 원하지 아니하노라 하신 뜻을 너희가 알았더라면 무죄한 자를 정죄하지 아니하였으리라 인자는 안식일의 주인이니라 하시니라"(마 12:3~8)

의식법은 소중합니다.

그러나 긍휼이 없는 의식법은 죽은 의식법입니다.

아히멜렉 제사장의 행위는 바르고 정당한 행위였습니다.

그러므로 성삼위 하나님의 은혜로 긍휼의 법을 소중히 여기고 바른 예배를 드리며 하나님을 영화롭게 하는 우리 모두가 되기를 기도합니다.

사무엘상 22장 18절

"왕이 도엑에게 이르되 너는 돌아가서 제사장들을 죽이라 하매 에돔 사람 도엑이 돌아가서 제사장들을 쳐서 그 날에 세마포 에봇입은 자 팔십오 명을 죽였고"(개역개정판)

"그리고 그 왕이 도엑에게 말했다. 너는 돌이키라. 그리고 너는 그 제사장들을 치라. 그러자 그 에돔 사람 도엑이 돌렸다. 그리고 그가 그 제사장들에게 손을 대었다. 그리고 그가 그날에 세마포 입은 사람 그 팔십 오명을 죽였다"(원문직역)

사무엘상 22장은 사울의 피해 망상과 다윗의 고난과 에돔 사람 도엑의 제사장 학살 사건이 나옵니다.

사울 왕과 같이 하나님 말씀을 등 뒤로 던져버린 사람은 피해 망상적 사고로 자신을 학대합니다.

"사울이 곁에 선 신하들에게 이르되 너희 베냐민 사람들아 들으라 이새의 아들이 너희에게 각기 밭과 포도원을 주며 너희를 천부장, 백부장을 삼겠느냐 너희가 다 공모하여 나를 대적하며 내 아들이 이새의 아들과 맹약하였으되 내게 고발하는 자가 하나도 없고 나를 위하여 슬퍼하거나 내 아들이 내 신하를 선동하여 오늘이라도 매복하였다가 나를 치려 하는 것을 내게 알리는 자가 하나도 없도다 하니"(삼상 22:7~8)

진리를 따르지 않고 하나님 말씀을 등 뒤로 던진 자를 추종하고 따르는 에돔 사람 도엑 같은 자는 사특하고 잔인한 행동을 합니다.(삼상 22:9~19)

"그 때에 에돔 사람 도엑이 사울의 신하 중에 섰더니 대답하여 이르되 이새의 아들이 놉에 와서 아히둡의 아들 아히멜렉에게 이른 것을 내가 보았는데 아히멜렉이 그를 위하여 여호와께 묻고 그에게 음식도 주고 블레셋 사람 골리앗의 칼도 주더이다"(삼상 22:9~10)

"왕이 도엑에게 이르되 너는 돌아가서 제사장들을 죽이라 하매 에돔 사람 도엑이 돌아가서 제사장들을 쳐서 그 날에 세마포 에봇 입은 자 팔십오 명을 죽였고 제사장들의 성읍 놉의 남녀와 아이들과 젖 먹는 자들과 소와 나귀와 양을 칼로 쳤더라"(삼상 22:18~19)

다윗과 같은 그리스도인은?

첫째, 부모와 형제와 약자들을 안전하게 보호합니다.

"그러므로 다윗이 그 곳을 떠나 아둘람 굴로 도망하매 그의 형제와 아버지의 온 집이 듣고 그리로 내려가서 그에게 이르렀고 환난 당한 모든 자와 빚진 모든 자와 마음이 원통한 자가 다 그에게로 모였고 그는 그들의 우두머리가 되었는데 그와 함께 한 자가 사백 명 가량이었더라 다윗이 거기서 모압 미스베로 가서 모압 왕에게 이르되 하나님이 나를 위하여 어떻게 하실지를 내가 알기까지 나의 부모가 나와서 당신들과 함께 있게 하기를 청하나이다 하고 부모를 인도하여 모압 왕 앞에 나아갔더니 그들은 다윗이 요새에 있을 동안에 모압 왕과 함께 있었더라"(삼상 22:1~4)

"두려워하지 말고 내게 있으라 내 생명을 찾는 자가 네 생명도 찾는 자니 네가 나와 함께 있으면 안전하리라 하니라"(삼상 22:23)

둘째, 하나님께서 선지자를 가지시고 주시는 말씀에 순종합니다.

"선지자 갓이 다윗에게 이르되 너는 이 요새에 있지 말고 떠나 유다 땅으로 들어가라 다윗이 떠나 헤렛 수풀에 이르니라"(삼상 22:5)

셋째, 모든 것을 자기 탓으로 돌립니다.

"아히둡의 아들 아히멜렉의 아들 중 하나가 피하였으니 그의 이름은 아비아달이라 그가 도망하여 다윗에게로 가서 사울이 여호와의 제사장들 죽인 일을 다윗에게 알리매 다윗이 아비아달에게 이르되 그 날에 에돔 사람 도엑이 거기 있기로 그가 반드시 사울에게 말할 줄 내가 알았노라 네 아버지 집의 모든 사람 죽은 것이 나의 탓이로다"(삼상 22:20~22)

하나님께서는 다윗에게 고난을 허락하시며 하나님 나라와 의를 위하여 용사도 허락하시고 영적 지도자인 선지자 갓도 허락하셨습니다.

"환난 당한 모든 자와 빚진 모든 자와 마음이 원통한 자가 다 그에게로 모였고 그는 그들의 우두머리가 되었는데 그와 함께 한 자가 사백 명 가량이었더라"(삼상 22:2)

"여호와께서 다윗의 선견자 갓에게 말씀하여 이르시되"(대상 21:9)

하나님은 그리스도인들에게 고난을 허락하시며 고난 가운데 하나님의 사람으로 빚으시며 하나님의 사람들을 허락하시고 하나님 나라와 의를 위하여 필요한 모든 것을 준비하시는 분입니다.

그러므로 성삼위 하나님의 은혜로 고난 가운데에도 낙심치 말고 소망 가운데 하나님의 선하심을 바라보며 하나님을 영화롭게 하는 우리 모두가 되기를 기도합니다.

사무엘상 23장 1절

"사람들이 다윗에게 전하여 이르되 보소서 블레셋 사람이 그일라를 쳐서 그 타작 마당을 탈취하더이다 하니"(개역개정판)

"그리고 그들이 다윗에게 전하였습니다. 말하기를 보라 블레셋 사람들이 그일라와 전쟁을 하고 있습니다. 그리고 그들이 그 타작마당을 약탈하고 있습니다"(원문직역)

사무엘상 23장은 다윗이 그일라를 구하고 배반당하고 십 사람들과 사울 왕에게 쫓겨 고초 당하는 내용입니다.

사울 왕에게 쫓기는 다윗은?

첫째, 이스라엘 백성들을 사랑하는 실질적 왕입니다.

"사람들이 다윗에게 전하여 이르되 보소서 블레셋 사람이 그일라를 쳐서 그 타작 마당을 탈취하더이다 하니 이에 다윗이 여호와께 묻자와 이르되 내가 가서 이 블레셋 사람들을 치리이까"(삼상 23:1~2상)

"사울의 아들 요나단이 일어나 수풀에 들어가서 다윗에게 이르러 그에게 하나님을 힘 있게 의지하게 하였는데 곧 요나단이 그에게 이르기를 두려워하지 말라 내 아버지 사울의 손이 네게 미치지 못할 것이요 너는 이스라엘 왕이 되고 나는 네 다음이 될 것을내 아버지 사울도 안다 하니라"(삼상 23:16~17)

둘째, 기도하는 사람입니다.

"여호와께서 다윗에게 이르시되 가서 블레셋 사람들을 치고 그일라를 구원하라 하시니 다윗의 사람들이 그에게 이르되 보소서 우리가 유다에 있기도 두렵거든 하물며 그일라에 가서 블레셋 사람들의 군대를 치는 일이리이까 한지라 다윗이 여호와께 다시 묻자온대 여호와께서 대답하여 이르시되 일어나 그일라로 내려가라 내가 블레셋 사람들을 네 손에 넘기리라 하신지라 다윗과 그의 사람들이 그일라로 가서 블레셋 사람들과 싸워 그들을 크게 쳐서 죽이고 그들의 가축을 끌어 오니라 다윗이 이와 같이 그일라 주민을 구원하니라"(삼상 23:2하~5)

"그일라 사람들이 나를 그의 손에 넘기겠나이까 주의 종이 들은 대로 사울이 내려오겠나이까 이스라엘의 하나님 여호와여 원하건대 주의 종에게 일러 주옵소서 하니 여호와께서 이르시되 그가 내려오리라 하신지라 다윗이 이르되 그일라 사람들이 나와 내 사람들을 사울의 손에 넘기겠나이까 하니 여호와께서 이르시되 그들이 너를 넘기리라 하신지라 다윗과 그의 사람 육백 명 가량이 일어나 그일라를 떠나서 갈 수 있는 곳으로 갔더니 다윗이 그일라에서 피한 것을 어떤 사람이 사울에게 말하매 사울이 가기를 그치니라"(삼상 23:11~13)

셋째, 하나님 보호 가운데 사는 사람이었습니다.

"다윗이 광야의 요새에도 있었고 또 십 광야 산골에도 머물렀으므로 사울이 매일 찾되 하나님이 그를 그의 손에 넘기지 아니하시니라"(삼상 23:14)

"사울이 산 이쪽으로 가매 다윗과 그의 사람들은 산 저쪽으로 가며 다윗이 사울을 두려워하여 급히 피하려 하였으니 이는 사울과 그의 사람들이 다윗과 그의 사람들을 에워싸고 잡으려 함이었더라 전령이 사울에게 와서 이르되 급히 오소서 블레셋 사람들이 땅을 침노하나이다 이에 사울이 다윗 뒤쫓기를 그치고 돌아와 블레셋 사람들을 치러 갔으므로 그 곳을 셀라하마느곳이라 칭하니라"(삼상 23:26~28)

왕같은 제사장인 그리스도인들은 전적으로 하나님만 믿고 하나님의 다스림을 받는 사람들입니다.

그러므로 성삼위 하나님의 은혜로 하나님만 신뢰하며 하나님을 영화롭게 하는 우리 모두가 되기를 기도합니다.

사무엘상 24장 4절

"다윗의 사람들이 이르되 보소서 여호와께서 당신에게 이르시기를 내가 원수를 네 손에 넘기리니 네 생각에 좋은 대로 그에게 행하라 하시더니 이것이 그 날이니이다 하니 다윗이 일어나서 사울의 겉옷 자락을 가만히 베니라"(개역개정판)

"그리고 다윗의 사람들이 그에게 말했다. 보라 여호와께서 당신에게 보라 내가 네 손에 네 대적을 줄 것이다. 말씀하신 그날이 (왔습니다). 그러니 당신은 당신의 눈에 좋은 대로 그에게 행하십시오. 그러자 다윗이 일어났다. 그리고 그가 사울의 그 겉옷자락을 몰래 잘랐다"(원문직역)

사무엘상 24장은 다윗을 쫓는 사울 왕을 다윗이 엔게디 광야 어느 굴에서 살려주는 내용의 말씀입니다.

사울 왕을 살려주는 다윗은?

첫째, 선한 양심을 소유한 사람입니다.

"다윗의 사람들이 이르되 보소서 여호와께서 당신에게 이르시기를 내가 원수를 네 손에 넘기리니 네 생각에 좋은 대로 그에게 행하라 하시더니 이것이 그 날이니이다 하니 다윗이 일어나서 사울의 겉옷 자락을 가만히 베니라 그리한 후에 사울의 옷자락 벰으로 말미암아 다윗의 마음이 찔려"(삼상 24:4~5)
"믿음과 착한 양심을 가지라 어떤 이들은 이 양심을 버렸고 그 믿음에 관하여는 파선하였느니라"(딤전 1:19)

둘째, 말씀의 다스림을 받는 사람입니다.

"자기 사람들에게 이르되 내가 손을 들어 여호와의 기름 부음을 받은 내 주를 치는 것은 여호와께서 금하시는 것이니 그는 여호와의 기름 부음을 받은 자가 됨이니라 하고 다윗이 이 말로 자기 사람들을 금하여 사울을 해하지 못하게 하니라 사울이 일어나 굴에서 나가 자기 길을 가니라"(삼상 24:6~7)

셋째, 겸손한 사람입니다.

"그 후에 다윗도 일어나 굴에서 나가 사울의 뒤에서 외쳐 이르되 내 주 왕이여 하매 사울이 돌아보는지라 다윗이 땅에 엎드려 절하고"(삼상 24:8)
"이스라엘 왕이 누구를 따라 나왔으며 누구의 뒤를 쫓나이까 죽은 개나 벼룩을 쫓음이니이다"(삼상 24:14)

넷째, 하나님을 사랑하는 사람입니다.

"오늘 여호와께서 굴에서 왕을 내 손에 넘기신 것을 왕이 아셨을 것이니이다 어떤 사람이 나를 권하여 왕을 죽이라 하였으나 내가 왕을 아껴 말하기를 나는 내 손을 들어 내 주를 해하지 아니하리니 그는 여호와의 기름 부음을 받은 자이기 때문이라 하였나이다"(삼상 24:10)

다섯째, 원수를 사랑하는 사람입니다.

"내 아버지여 보소서 내 손에 있는 왕의 옷자락을 보소서 내가 왕을 죽이지 아니하고 겉옷 자락만 베었은즉 내 손에 악이나 죄과가 없는 줄을 오늘 아실지니이다 왕은 내 생명을 찾아 해하려 하시나 나는 왕에게 범죄한 일이 없나이다"(삼상 24:11)

여섯째, "아도나이 샤파트"(심판하시는 하나님)를 믿은 사람입니다.(삼상 24:12~15)

"여호와께서는 나와 왕 사이를 판단하사 여호와께서 나를 위하여 왕에게 보복하시려니와 내 손으로는 왕을 해하지 않겠나이다"(삼상 24:12)
"그런즉 여호와께서 재판장이 되어 나와 왕 사이에 심판하사 나의 사정을 살펴

억울함을 풀어 주시고 나를 왕의 손에서 건지시기를 원하나이다 하니라"(삼상 24:15)

의로우신 하나님은 영원하신 재판장으로 현세적 심판과 종말적 심판을 하시며 다스리는 분입니다.

일곱째, 선으로 악을 이긴 사람입니다.

"다윗에게 이르되 나는 너를 학대하되 너는 나를 선대하니 너는 나보다 의롭도다 네가 나 선대한 것을 오늘 나타냈나니 여호와께서 나를 네 손에 넘기셨으나 네가 나를 죽이지 아니하였도다 사람이 그의 원수를 만나면 그를 평안히가게 하겠느냐 네가 오늘 내게 행한 일로 말미암아 여호와께서 네게 선으로 갚으시기를 원하노라"(삼상 24:17~19)

여덟째, 맹세를 지킨 사람입니다.

"그런즉 너는 내 후손을 끊지 아니하며 내 아버지의 집에서 내 이름을 멸하지 아니할 것을 이제 여호와의 이름으로 내게 맹세하라 하니라 다윗이 사울에게 맹세하매 사울은 집으로 돌아가고 다윗과 그의 사람들은 요새로 올라가니라"(삼상 24:21~22)

다윗은 왕이 된 후 사울과의 맹세를 지키기 위해 요나단의 아들 므비보셋을 부양하고 사울의 아들 이스보셋을 살육한 자들을 반역죄로 처형했습니다.

다윗은 경건의 의미를 확실히 알고 경건한 삶을 사신 분입니다.

"그러므로 너희가 더욱 힘써 너희 믿음에 덕을, 덕에 지식을, 지식에 절제를, 절제에 인내를, 인내에 경건을, 경건에 형제 우애를, 형제 우애에 사랑을 더하라 이런 것이 너희에게 있어 흡족한즉 너희로 우리 주 예수 그리스도를 알기에 게으르지 않고 열매 없는 자가 되지 않게 하려니와 이런 것이 없는 자는 맹인이라 멀리 보지 못하고 그의 옛 죄가 깨끗하게 된 것을 잊었느니라 그러므로 형제들아 더욱 힘써 너희 부르심과 택하심을 굳게 하라 너희가 이것을 행한즉 언제든지 실족하지 아니하리라 이같이 하면 우리 주 곧 구주 예수 그리스도의 영원한 나라에 들어감을 넉넉히 너희에게 주시리라"(벧후 1:5~11)

그러므로 성삼위 하나님의 은혜로 경건의 의미를 알고 경건한 삶을 살며 하나님을 영화롭게 하는 우리 모두가 되기를 기도합니다.

사무엘상 25장 28절

"주의 여종의 허물을 용서하여 주옵소서 여호와께서 반드시 내 주를 위하여 든든한 집을 세우시리니 이는 내 주께서 여호와의 싸움을 싸우심이요 내 주의 일생에 내 주에게서 악한 일을 찾을 수 없음이니이다"(개역개정판)

"당신의 여종의 허물을 용서하라. 참으로 여호와께서 내 주를 위하여 견고한 집을 반드시 만들 것입니다. 왜냐하면 여호와의 싸움을 내 주께서 싸우고 계시며 그리고 악이 당신의 날들로부터 당신 안에서 발견되지 않을 것이기 때문입니다"(원문직역)

사무엘상 25장은 사무엘의 죽음과 나발에 관한 말씀입니다.

진정한 그리스도인은?

첫째, 하나님의 종을 사랑하는 사람들입니다.

"사무엘이 죽으매 온 이스라엘 무리가 모여 그를 두고 슬피 울며 라마 그의 집에서 그를 장사한지라 다윗이 일어나 바란 광야로 내려가니라"(삼상 25:1)

둘째, 예의를 갖추는 사람입니다.(삼상 25:2~9)

"그 부하게 사는 자에게 이르기를 너는 평강하라 네 집도 평강하라 네 소유의 모든 것도 평강하라 네게 양 털 깎는 자들이있다 함을 이제 내가 들었노라 네 목자들이 우리와 함께 있었으나 우리가 그들을 해하지 아니하였고 그들이 갈멜에 있는 동안에 그들의 것을 하나도 잃지 아니하였나니 네 소년들에게 물으면 그들이 네게 말하리라 그런즉 내 소년들이 네게 은혜를 얻게 하라 우리가 좋은 날에 왔은즉 네

손에 있는 대로 네 종들과 네 아들 다윗에게 주기를 원하노라 하더라 하라"(삼상 25:6~8)

셋째, 은혜를 소중히 여기고 무례하지 않는 사람입니다.

"나발이 다윗의 사환들에게 대답하여 이르되 다윗은 누구며 이새의 아들은 누구냐 요즈음에 각기 주인에게서 억지로 떠나는 종이 많도다 내가 어찌 내 떡과 물과 내 양 털 깎는 자를 위하여 잡은 고기를 가져다가 어디서 왔는지도 알지 못하는 자들에게 주겠느냐 한지라"(삼상 25:10~11)

넷째, 화평케 하는 지혜를 가진 사람입니다.(삼상 25:14~17)

"그런즉 이제 당신은 어떻게 할지를 알아 생각하실지니 이는 다윗이 우리 주인과 주인의 온 집을 해하기로 결정하였음이니이다 주인은 불량한 사람이라 더불어 말할 수 없나이다 하는지라"(삼상 25:17)

다섯째, 선한 지혜로운 마음으로 모든 허물을 자신에게 돌리며 용서를 구하는 사람입니다.(삼상 25:18~31)

"주의 여종의 허물을 용서하여 주옵소서 여호와께서 반드시 내 주를 위하여 든든한 집을 세우시리니 이는 내 주께서 여호와의 싸움을 싸우심이요 내 주의 일생에 내 주에게서 악한 일을 찾을 수 없음이니이다"(삼상 25:28)

여섯째, 선한 충고를 받아드리는 사람입니다.(삼상 25:32~35)

"다윗이 아비가일에게 이르되 오늘 너를 보내어 나를 영접하게 하신 이스라엘의 하나님 여호와를 찬송할지로다 또 네 지혜를 칭찬할지며 또 네게 복이 있을지로다 오늘 내가 피를 흘릴 것과 친히 복수하는 것을 네가 막았느니라"(삼상 25:32~33)

일곱째, 하나님께 모든 것을 맡기고 원수와 직접 싸우지 않는 사람입니다.

"나발이 죽었다 함을 다윗이 듣고 이르되 나발에게 당한 나의 모욕을 갚아 주사 종으로 악한 일을 하지 않게 하신 여호와를 찬송할지로다 여호와께서 나발의 악행을 그의 머리에 돌리셨도다 하니라 다윗이 아비가일을 자기 아내로 삼으려고 사람을 보내어 그에게 말하게 하매"(삼상 25:39)

여덟째, 겸손한 사람입니다.(삼상 25:40~42)

"아비가일이 일어나 몸을 굽혀 얼굴을 땅에 대고 이르되 내 주의 여종은 내 주의 전령들의 발 씻길 종이니이다 하고"(삼상 25:41)

아홉째, 하나님 말씀에 어긋난 악한 세상 풍습을 따라가지 않는 사람입니다.

"다윗이 또 이스르엘 아히노암을 아내로 맞았더니 그들 두 사람이 그의 아내가 되니라"(삼상 25:43)

그리스도인은 하나님 말씀대로 지혜롭게 행동하는 사람입니다.

"오직 위로부터 난 지혜는 첫째 성결하고 다음에 화평하고 관용하고 양순하며 긍휼과 선한 열매가 가득하고 편견과 거짓이 없나니 화평하게 하는 자들은 화평으로 심어 의의 열매를 거두느니라"(약 3:17~18)

그러므로 성삼위 하나님의 은혜로 선한 지혜로 하나님 말씀에 순종하며 하나님을 영화롭게 하는 우리 모두가 되기를 기도합니다.

사무엘상 26장 11절

"내가 손을 들어 여호와의 기름 부음 받은 자를 치는 것을 여호와께서 금하시나니 너는 그의 머리 곁에 있는 창과 물병만 가지고 가자 하고"(개역개정판)

"여호와의 기름 부음을 받은 사람에게 나의 손을 보내는 것은 여호와께서 나에게 금하는 것이므로 그러니 이제 너는 그의 머리곁에 있는 그 창을 취하라. 그리고 그 물병을 그리고 우리가 우리를 위해 가자"(원문직역)

사무엘상 26장은 다윗이 사울 왕의 목숨을 두번째로 살려주는 내용의 말씀입니다.

사울 왕의 목숨을 두번째로 살려주는 다윗은?

첫째, 용맹한 사람입니다.(삼상 26:1~7)

"이에 다윗이 헷 사람 아히멜렉과 스루야의 아들 요압의 아우 아비새에게 물어 이르되 누가 나와 더불어 진영에 내려가서 사울에게 이르겠느냐 하니 아비새가 이르되 내가 함께 가겠나이다 다윗과 아비새가 밤에 그 백성에게 나아가 본즉 사울이 진영 가운데 누워 자고 창은 머리 곁 땅에 꽂혀 있고 아브넬과 백성들은 그를 둘러 누웠는지라"(삼상 26:6~7)

둘째, 하나님을 두려워하는 사람입니다.

"아비새가 다윗에게 이르되 하나님이 오늘 당신의 원수를 당신의 손에 넘기셨나이다 그러므로 청하오니 내가 창으로 그를 찔러서 단번에 땅에 꽂게 하소서 내가 그를 두 번 찌를 것이 없으리이다 하니 다윗이 아비새에게 이르되 죽이지 말라 누

구든지 손을 들어 여호와의 기름 부음 받은 자를 치면 죄가 없겠느냐 하고"(삼상 26:8~9)

셋째, 하나님의 주권과 섭리를 믿는 사람입니다.

"다윗이 또 이르되 여호와께서 살아 계심을 두고 맹세하노니 여호와께서 그를 치시리니 혹은 죽을 날이 이르거나 또는 전장에 나가서 망하리라"(삼상 26:10)

넷째, 교회의 질서를 지키는 사람입니다.

"내가 손을 들어 여호와의 기름 부음 받은 자를 치는 것을 여호와께서 금하시나니 너는 그의 머리 곁에 있는 창과 물병만 가지고 가자 하고 다윗이 사울의 머리 곁에서 창과 물병을 가지고 떠나가되 아무도 보거나 눈치 채지 못하고 깨어 있는 사람도 없었으니 이는 여호와께서 그들을 깊이 잠들게 하셨으므로 그들이 다 잠들어 있었기 때문이었더라"(삼상 26:11~12)

다섯째, 사명을 소중하게 여기는 사람입니다.(삼상 26:13~16)

"네가 행한 이 일이 옳지 못하도다 여호와께서 살아 계심을 두고 맹세하노니 여호와의 기름 부음 받은 너희 주를 보호하지 아니하였으니 너희는 마땅히 죽을 자이니라 이제 왕의 창과 왕의 머리 곁에 있던 물병이 어디 있나 보라 하니"(삼상 26:16)

여섯째, 하나님 나라를 사랑하는 사람입니다.(삼상 26:17~20)

"원하건대 내 주 왕은 이제 종의 말을 들으소서 만일 왕을 충동시켜 나를 해하려 하는 이가 여호와시면 여호와께서는 제물을 받으시기를 원하나이다마는 만일 사람들이면 그들이 여호와 앞에 저주를 받으리니 이는 그들이 이르기를 너는 가서 다른 신들을 섬기라 하고 오늘 나를 쫓아내어 여호와의 기업에 참여하지 못하게 함이니이다"(삼상 26:19)

일곱째, "체다카"(의롭고) "에무나"(신실한) 사람입니다.

"여호와께서 사람에게 그의 공의와 신실을 따라 갚으시리니 이는 여호와께서 오늘 왕을 내 손에 넘기셨으되 나는 손을 들어 여호와의 기름 부음을 받은 자 치기를 원하지 아니하였음이니이다"(삼상 26:23)

여덟째, 생명을 소중하게 여기는 사람입니다.(삼상 26:24~25)

"오늘 왕의 생명을 내가 중히 여긴 것 같이 내 생명을 여호와께서 중히 여기셔서 모든 환난에서 나를 구하여 내시기를 바라나이다 하니라"(삼상 26:24)

그리스도인은 하나님을 사랑하고 자기 이웃을 자기 몸처럼 사랑하는 사람입니다.

"예수께서 이르시되 네 마음을 다하고 목숨을 다하고 뜻을 다하여 주 너의 하나님을 사랑하라 하셨으니 이것이 크고 첫째 되는 계명이요 둘째도 그와 같으니 네 이웃을 네 자신 같이 사랑하라 하셨으니 이 두 계명이 온 율법과 선지자의 강령이니라"(마 22:37~40)

그러므로 성삼위 하나님의 은혜로 하나님과 사람을 사랑하며 하나님을 영화롭게 하는 우리 모두가 되기를 기도합니다.

사무엘상 27장 7절

"다윗이 블레셋 사람들의 지방에 산 날 수는 일 년 사 개월이었더라"(개역개정판)

"그리고 다윗이 블레셋 사람들의 들판에 거주한 그 날들의 햇수가 일년 사개월 이었다"(원문직역)

사무엘상 27장은 다윗이 블레셋 땅으로 망명한 이후 생활 행적에 대한 말씀입니다.

블레셋 땅으로 망명한 다윗은?

첫째, 고난의 한계 상황에 도달했습니다.(삼상 27:1~4)

"다윗이 그 마음에 생각하기를 내가 후일에는 사울의 손에 붙잡히리니 블레셋 사람들의 땅으로 피하여 들어가는 것이 좋으리로다 사울이 이스라엘 온 영토 내에서 다시 나를 찾다가 단념하리니 내가 그의 손에서 벗어나리라 하고 다윗이 일어나 함께 있는 사람 육백 명과 더불어 가드 왕 마옥의 아들 아기스에게로 건너가니라"(삼상 27:1~2)

둘째, 하나님의 섭리 가운데 유다 지파의 기업이며 시므온 지파에게 할당된 시글락을 회복했습니다.

"다윗이 아기스에게 이르되 바라건대 내가 당신께 은혜를 입었다면 지방 성읍 가운데 한 곳을 내게 주어 내가 살게 하소서 당신의 종이 어찌 당신과 함께 왕도에 살리이까 하니 아기스가 그 날에 시글락을 그에게 주었으므로 시글락이 오늘까지 유다 왕에게 속하니라"(삼상 27:5~6)

셋째, 언약 말씀에 순종했습니다.

> "다윗이 블레셋 사람들의 지방에 산 날 수는 일 년 사 개월이었더라 다윗과 그의 사람들이 올라가서 그술 사람과 기르스 사람과 아말렉 사람을 침노하였으니 그들은 옛적부터 술과 애굽 땅으로 지나가는 지방의 주민이라"(삼상 27:7~8)
>
> "네 자손은 사대 만에 이 땅으로 돌아오리니 이는 아모리 족속의 죄악이 아직 가득 차지 아니함이니라 하시더니 해가 져서 어두울 때에 연기 나는 화로가 보이며 타는 횃불이 쪼갠 고기 사이로 지나더라 그 날에 여호와께서 아브람과 더불어 언약을 세워 이르시되 내가 이 땅을 애굽 강에서부터 그 큰 강 유브라데까지 네 자손에게 주노니 곧 겐 족속과 그니스 족속과 갓몬 족속과 헷 족속과 브리스 족속과 르바 족속과 아모리 족속과 가나안 족속과 기르가스 족속과 여부스 족속의 땅이니라 하셨더라"(창 15:16~21)

넷째, 뜻하지 않은 거짓말을 하게 되었습니다.(삼상 27:9~12)

> "아기스가 이르되 너희가 오늘은 누구를 침노하였느냐 하니 다윗이 이르되 유다 네겝과 여라무엘 사람의 네겝과 겐 사람의 네겝이니이다 하였더라"(삼상 27:10)

다윗은 연약한 망명 생활 중에도 하나님 나라와 더불어 함께 지어져가는 지체들을 소중하게 여긴 사람입니다.

> "다윗이 시글락에 이르러 전리품을 그의 친구 유다 장로들에게 보내어 이르되 보라 여호와의 원수에게서 탈취한 것을 너희에게 선사하노라 하고 벧엘에 있는 자와 남방 라못에 있는 자와 얏딜에 있는 자와 아로엘에 있는 자와 십못에 있는 자와 에스드모아에 있는 자와 라갈에 있는 자와 여라므엘 사람의 성읍들에 있는 자와 겐 사람의 성읍들에 있는 자와 홀마에 있는 자와 고라산에 있는 자와 아닥에 있는 자와 헤브론에 있는 자에게와 다윗과 그의 사람들이 왕래하던 모든 곳에 보내었더라"(삼상 27:26~30)

그러므로 성삼위 하나님의 은혜로 하나님 나라와 더불어 함께 지어져가는 지체들을 섬기며 하나님을 영화롭게 하는 우리 모두가 되기를 기도합니다.

사무엘상 28장 1절

"그 때에 블레셋 사람들이 이스라엘과 싸우려고 군대를 모집한지라 아기스가 다윗에게 이르되 너는 밝히 알라 너와 네 사람들이 나와 함께 나가서 군대에 참가할 것이니라"(개역개정판)

"그리고 그 날들에 그리고 블레셋 사람들이 이스라엘과 싸우기 위해 전쟁하려고 그들의 군대를 모았다. 그리고 아기스가 다윗에게 말하였다. 너는 분명히 알 것이다. 참으로 나와 함께 네가 너와 네 사람들이 그 진으로 나아가야 할 것이다"(원문직역)

사무엘상 28장은 이스라엘과 블레셋과의 전쟁으로 인한 다윗의 곤경과 사무엘의 죽음과 사울 왕의 배도와 배교를 기록하고 있습니다.

하나님 말씀에 순종하지 않고 배도와 배교를 하면?

첫째, 두려움으로 가득차게 됩니다.

"사울이 블레셋 사람들의 군대를 보고 두려워서 그의 마음이 크게 떨린지라"(삼상 28:5)

둘째, 형식적 기도를 하면 하나님은 응답하지 않습니다.

"사울이 여호와께 묻자오되 여호와께서 꿈으로도, 우림으로도, 선지자로도 그에게 대답하지 아니하시므로"(삼상 28:6)

셋째, 토한 것을 다시 주어 먹는 이율 배반적 행동을 합니다.(삼상 28:3, 7~9)

"사무엘이 죽었으므로 온 이스라엘이 그를 두고 슬피 울며 그의 고향 라마에 장사하였고 사울은 신접한 자와 박수를 그 땅에서 쫓아내었더라"(삼상 28:3)

"여인이 그에게 이르되 네가 사울이 행한 일 곧 그가 신접한 자와 박수를 이 땅에서 멸절시켰음을 아나니 네가 어찌하여 내 생명에 올무를 놓아 나를 죽게 하려느냐 하는지라"(삼상 28:9)

"개가 그 토한 것을 도로 먹는 것 같이 미련한 자는 그 미련한 것을 거듭 행하느니라"(잠 26:11)

넷째, 하나님 이름을 망령되게 합니다.

"사울이 여호와의 이름으로 그에게 맹세하여 이르되 여호와께서 살아 계심을 두고 맹세하노니 네가 이 일로는 벌을 당하지 아니하리라 하니"(삼상 28:10)

"너는 네 하나님 여호와의 이름을 망령되게 부르지 말라 여호와는 그의 이름을 망령되게 부르는 자를 죄 없다 하지 아니하리라"(출 20:7)

다섯째, 영적 간음을 합니다.(삼상 28:11~25)

"여인이 이르되 내가 누구를 네게로 불러 올리랴 하니 사울이 이르되 사무엘을 불러 올리라하는지라 여인이 사무엘을 보고 큰 소리로 외치며 사울에게 말하여 이르되 당신이 어찌하여 나를 속이셨나이까 당신이 사울이시니이다 왕이 그에게 이르되 두려워하지 말라 네가 무엇을 보았느냐 하니 여인이 사울에게 이르되 내가 영이 땅에서 올라오는 것을 보았나이다 하는지라 사울이 그에게 이르되 그의 모양이 어떠하냐 하니 그가 이르되 한 노인이 올라오는데 그가 겉옷을 입었나이다 하더라 사울이 그가 사무엘인 줄 알고 그의 얼굴을 땅에 대고 절하니라"(삼상 28:11~14)

그리스도인들이 하나님 말씀을 등 뒤로 던지면 재앙입니다.

"사람이 귀를 돌려 율법을 듣지 아니하면 그의 기도도 가증하니라"(잠 28:9)

그러므로 성삼위 하나님의 은혜로 하나님 말씀에 순종하며 하나님을 영화롭게 하는 우리 모두가 되기를 기도합니다.

사무엘상 29장 1절

"블레셋 사람들은 그들의 모든 군대를 아벡에 모았고 이스라엘 사람들은 이스르엘에 있는 샘 곁에 진 쳤더라"(개역개정판)

"그리고 블레셋 사람들은 그들의 모든 군대를 아벡으로 소집시켰다. 그리고 이스라엘은 이스르엘 안에 있는 우물가에 진을 쳤다"(원문직역)

사무엘상 29장은 이스라엘과 블레셋이 전투하기 직전 상황을 기록한 말씀입니다.

다윗은 원치않는 전쟁에 참여되는 위기를 맞이했습니다.

"블레셋 사람들은 그들의 모든 군대를 아벡에 모았고 이스라엘 사람들은 이스르엘에 있는 샘 곁에 진 쳤더라 블레셋 사람들의 수령들은 수백 명씩 수천 명씩 인솔하여 나아가고 다윗과 그의 사람들은 아기스와 함께 그 뒤에서 나아가더니"(삼상 29:1~2)

다윗을 사랑하시는 천지의 대주재이신 하나님께서는 모든 피조물들에 대하여 주권적으로 섭리하시는 분입니다.(삼상 29:3~11)

"블레셋 사람들의 방백들이 이르되 이 히브리 사람들이 무엇을 하려느냐 하니 아기스가 블레셋 사람들의 방백들에게 이르되 이는 이스라엘 왕 사울의 신하 다윗이 아니냐 그가 나와 함께 있은 지 여러 날 여러 해로되 그가 망명하여 온 날부터 오늘까지 내가 그의 허물을 보지 못하였노라 블레셋 사람의 방백들이 그에게 노한지라 블레셋 방백들이 그에게 이르되 이 사람을 돌려보내어 왕이 그에게 정하신 그 처소로 가게 하소서 그는 우리와 함께 싸움에 내려가지 못하리니 그가 전장에서 우리의 대적이 될까 하나이다 그가 무엇으로 그 주와 다시 화합하리이까

이 사람들의 머리로 하지 아니하겠나이까 그들이 춤추며 노래하여 이르되 사울이 죽인 자는 천천이요 다윗은 만만이로다 하던 그 다윗이 아니니이까 하니"(삼상 29:3~5)

"아기스가 다윗에게 대답하여 이르되 네가 내 목전에 하나님의 전령 같이 선한 것을 내가 아나 블레셋 사람들의 방백들은 말하기를 그가 우리와 함께 전장에 올라가지 못하리라 하니 그런즉 너는 너와 함께 온 네 주의 신하들과 더불어 새벽에 일어나라 너희는 새벽에 일어나서 밝거든 곧 떠나라 하니라 이에 다윗이 자기 사람들과 더불어 아침에 일찍이 일어나서 떠나 블레셋 사람들의 땅으로 돌아가고 블레셋 사람들은 이스르엘로 올라가니라"(삼상 29:9~11)

다윗은 하나님의 주권적 섭리로 동족과 전쟁하는 상황을 면하게 됩니다.

하나님은 그리스도인들을 주권적 섭리(보존과 통치)로 다스리는 분입니다.

"내가 확신하노니 사망이나 생명이나 천사들이나 권세자들이나 현재 일이나 장래 일이나 능력이나 높음이나 깊음이나 다른 어떤 피조물이라도 우리를 우리 주 그리스도 예수 안에 있는 하나님의 사랑에서 끊을 수 없으리라"(롬 8:38~39)

그러므로 성삼위 하나님의 은혜로 하나님의 섭리를 기뻐하며 하나님을 영화롭게 하는 우리 모두가 되기를 기도합니다.

사무엘상 30장 1절

"다윗과 그의 사람들이 사흘 만에 시글락에 이른 때에 아말렉 사람들이 이미 네겝과 시글락을 침노하였는데 그들이 시글락을 쳐서 불사르고"(개역개정판)

"그리고 다윗과 그의 사람들이 그 셋째 날에 시글락에 왔을 때 였다. 그리고 아말렉 사람들이 네게브로 급습했다. 그리고 시글락으로 그리고 그들이 시글락을 쳤다. 그리고 그들이 그것을(시글락을) 불로 태워버렸다"(원문직역)

사무엘상 30장은 아말렉인들이 이스라엘과 블레셋의 전쟁을 알고 다윗과 다윗의 군사들이 삼일 동안 없는 틈을 알고 유다 남방과 시글락을 급습하므로 주민들이 포로가 되고 시글락이 불타는 재앙을 당하지만 다시 회복되는 내용의 말씀입니다.

고난의 재앙 가운데에서도 다윗은?

첫째, 하나님 은혜로 강해지는 사람입니다.(삼상 30:1~6)

"백성들이 자녀들 때문에 마음이 슬퍼서 다윗을 돌로 치자 하니 다윗이 크게 다급하였으나 그의 하나님 여호와를 힘입고 용기를 얻었더라"(삼상 30:6)

둘째, 기도하는 사람입니다.

"다윗이 아히멜렉의 아들 제사장 아비아달에게 이르되 원하건대 에봇을 내게로 가져오라 아비아달이 에봇을 다윗에게로 가져가매 다윗이 여호와께 묻자와 이르되 내가 이 군대를 추격하면 따라잡겠나이까 하니 여호와께서 그에게 대답하시되 그

를 쫓아가라 네가 반드시 따라잡고 도로 찾으리라"(삼상 30:7~8)

셋째, 긍휼을 베푸는 사람입니다.(삼상 30:9~15)

"무리가 들에서 애굽 사람 하나를 만나 그를 다윗에게로 데려다가 떡을 주어 먹게 하며 물을 마시게 하고 그에게 무화과 뭉치에서 뗀 덩이 하나와 건포도 두 송이를 주었으니 그가 밤낮 사흘 동안 떡도 먹지 못하였고 물도 마시지 못하였음이니라 그가 먹고정신을 차리매 다윗이 그에게 이르되 너는 누구에게 속하였으며 어디에서 왔느냐 하니 그가 이르되 나는 애굽 소년이요 아말렉 사람의 종이더니 사흘 전에 병이 들매 주인이 나를 버렸나이다"(삼상 30:11~13)

넷째, 하나님께 영광돌리는 사람입니다.(삼상 30:14~23)

"다윗과 함께 갔던 자들 가운데 악한 자와 불량배들이 다 이르되 그들이 우리와 함께 가지 아니하였은즉 우리가 도로 찾은 물건은 무엇이든지 그들에게 주지 말고 각자의 처자만 데리고 떠나가게 하라 하는지라 다윗이 이르되 나의 형제들아 여호와께서 우리를 보호하시고 우리를 치러 온 그 군대를 우리 손에 넘기셨은즉 그가 우리에게 주신 것을 너희가 이같이 못하리라"(삼상 30:22~23)

다섯째, 지체들을 사랑하고 지체들에게 받은 은혜를 소중히 여기고 더불어 함께 지어져가는 사람입니다.(삼상 30:24~30)

"이 일에 누가 너희에게 듣겠느냐 전장에 내려갔던 자의 분깃이나 소유물 곁에 머물렀던 자의 분깃이 동일할지니 같이 분배할 것이니라 하고 그 날부터 다윗이 이것으로 이스라엘의 율례와 규례를 삼았더니 오늘까지 이르니라 다윗이 시글락에 이르러 전리품을 그의 친구 유다 장로들에게 보내어 이르되 보라 여호와의 원수에게서 탈취한 것을 너희에게 선사하노라 하고"(삼상 30:24~26)

"헤브론에 있는 자에게와 다윗과 그의 사람들이 왕래하던 모든 곳에 보내었더라"(삼상 30:30)

그리스도인은 고난 가운데에도 하나님만 믿고 의지하고 승리하는 사람들입니다.

그러므로 성삼위 하나님의 은혜로 고난 가운데 승리하며 하나님을 영화롭게 하는 우리 모두가 되기를 기도합니다.

사무엘상 31장 6절

"사울과 그의 세 아들과 무기를 든 자와 그의 모든 사람이 다 그 날에 함께 죽었더라"(개역개정판)

"그리고 사울이 죽었다. 그리고 그의 그의 세 아들들 그리고 그의 무기를 들고 있는 사람들 또한 그의 사람들 모두 그날에 함께(죽었다)"(원문직역)

사무엘상 31장은 블레셋과의 전투에서 패한 이스라엘 왕 사울과 그의 세 아들들과 사울의 군사들의 죽음을 기록하고 있습니다.

사울 왕이 죽은 이유는?

첫째, 교회 질서(법, 정치)를 위반했기 때문입니다.(삼상 13:5~15)

"사울은 사무엘이 정한 기한대로 이레 동안을 기다렸으나 사무엘이 길갈로 오지 아니하매 백성이 사울에게서 흩어지는지라 사울이 이르되 번제와 화목제물을 이리로 가져오라 하여 번제를 드렸더니"(삼상 13:8~9)

"사무엘이 사울에게 이르되 왕이 망령되이 행하였도다 왕이 왕의 하나님 여호와께서 왕에게 내리신 명령을 지키지 아니하였도다 그리하였더라면 여호와께서 이스라엘 위에 왕의 나라를 영원히 세우셨을 것이거늘 지금은 왕의 나라가 길지 못할 것이라 여호와께서 왕에게 명령하신 바를 왕이 지키지 아니하였으므로 여호와께서 그의 마음에 맞는 사람을 구하여 여호와께서 그를 그의 백성의 지도자로 삼으셨느니라 하고"(삼상 13:13~14)

둘째, 하나님 말씀에 불순종했기 때문입니다.(삼상 31:1~15)

"사울과 백성이 아각과 그의 양과 소의 가장 좋은 것 또는 기름진 것과 어린 양과 모든 좋은 것을 남기고 진멸하기를 즐겨 아니하고 가치 없고 하찮은 것은 진멸하니라 여호와의 말씀이 사무엘에게 임하니라 이르시되 내가 사울을 왕으로 세운 것을 후회하노니 그가 돌이켜서 나를 따르지 아니하며 내 명령을 행하지 아니하였음이니라 하신지라 사무엘이 근심하여 온 밤을 여호와께 부르짖으니라"(삼상 15:9~11)

셋째, 영적 간음을 했기 때문입니다.(삼상 31:7~14)

"여인이 사무엘을 보고 큰 소리로 외치며 사울에게 말하여 이르되 당신이 어찌하여 나를 속이셨나이까 당신이 사울이시니이다 왕이 그에게 이르되 두려워하지 말라 네가 무엇을 보았느냐 하니 여인이 사울에게 이르되 내가 영이 땅에서 올라오는 것을 보았나이다 하는지라 사울이 그에게 이르되 그의 모양이 어떠하냐 하니 그가 이르되 한 노인이 올라오는데 그가 겉옷을 입었나이다 하더라 사울이 그가 사무엘인 줄 알고 그의 얼굴을 땅에 대고 절하니라"(삼상 28:12~14)

그리스도인은 교회 질서(법, 정치)와 하나님 말씀에 순종하며 순결하고 정숙하고 현숙한 그리스도의 신부입니다.

"또 내가 새 하늘과 새 땅을 보니 처음 하늘과 처음 땅이 없어졌고 바다도 다시 있지 않더라 또 내가 보매 거룩한 성 새 예루살렘이 하나님께로부터 하늘에서 내려오니 그 준비한 것이 신부가 남편을 위하여 단장한 것 같더라"(계 21:1~2)

그러므로 성삼위 하나님의 은혜로 어린양의 신부의 위치에서 살아가며 하나님을 영화롭게 하는 우리 보누가 되기를 기도합니다.

사무엘하

사무엘하 1장 17절

"다윗이 이 슬픈 노래로 사울과 그의 아들 요나단을 조상하고"(개역개정판)

"그리고 다윗이 사울과 그리고 그의 아들 요나단을 위해 이 슬픈 노래를 불렀다"(원문직역)

사무엘하 1장은 다윗이 자신의 정적 사울 왕과 목숨 같이 소중하게 여긴 요나단의 죽음을 애도하는 노래의 말씀입니다.

사울 왕과 요난단의 죽음을 애곡하는 다윗은?

첫째, 하나님 영광을 소중하게 여긴 사람입니다.(삼하 1:1~12)

"이에 다윗이 자기 옷을 잡아 찢으매 함께 있는 모든 사람도 그리하고 사울과 그의 아들 요나단과 여호와의 백성과 이스라엘 족속이 칼에 죽음으로 말미암아 저녁 때까지 슬퍼하여 울며 금식하니라"(삼하 1:11~12)

"이스라엘아 네 영광이 산 위에서 죽임을 당하였도다 오호라 두 용사가 엎드러졌도다 이 일을 가드에도 알리지 말며 아스글론 거리에도 전파하지 말지어다 블레셋 사람들의 딸들이 즐거워할까, 할례 받지 못한 자의 딸들이 개가를 부를까 염려로다 길보아 산들아 너희 위에 이슬과 비가 내리지 아니하며 제물 낼 밭도 없을지어다 거기서 두 용사의 방패가 버린 바 됨이니라 곧 사울의 방패가 기름 부음 받지 아니함 같이 됨이로다"(삼하 1:19~21)

둘째, 교회법을 소중하게 여긴 사람입니다.

"다윗이 그에게 이르되 네가 어찌하여 손을 들어 여호와의 기름 부음 받은 자 죽이기를 두려워하지 아니하였느냐 하고 다윗이 청년 중 한 사람을 불러 이르되 가까이 가서 그를 죽이라 하매 그가 치매 곧 죽으니라 다윗이 그에게 이르기를 네 피가 네 머리로 돌아갈지어다 네 입이 네게 대하여 증언하기를 내가 여호와의 기름 부음 받은 자를 죽였노라 함이니라 하였더라"(삼하 1:14~16)

셋째, 사울 왕과 요나단의 업적을 치하한 사람입니다.

"죽은 자의 피에서, 용사의 기름에서 요나단의 활이 뒤로 물러가지 아니하였으며 사울의 칼이 헛되이 돌아오지 아니하였도다 사울과 요나단이 생전에 사랑스럽고 아름다운 자이러니 죽을 때에도 서로 떠나지 아니하였도다 그들은 독수리보다 빠르고 사자보다 강하였도다 이스라엘 딸들아 사울을 슬퍼하여 울지어다 그가 붉은 옷으로 너희에게 화려하게 입혔고 금 노리개를 너희 옷에 채웠도다"(삼하 1:22~24)

넷째, 교회를 사랑하는 사람입니다.

"오호라 두 용사가 전쟁 중에 엎드러졌도다 요나단이 네 산 위에서 죽임을 당하였도다"(삼하 1:25)

"오호라 두 용사가 엎드러졌으며 싸우는 무기가 망하였도다 하였더라"(삼하 1:27)

다섯째, 그리스도의 지체인 요나단을 자신의 목숨처럼 소중하게 여긴 사람입니다.

"내 형 요나단이여 내가 그대를 애통함은 그대는 내게 심히 아름다움이라 그대가 나를 사랑함이 기이하여 여인의 사랑보다 더하였도다"(삼하 1:26)

그리스도인은 하나님 영광과 교회법을 소중히 여기며 예수 그리스도의 몸 된 교회와 더불어 함께 지어져가는 지체들을 사랑하는 사람들입니다.

그러므로 성삼위 하나님의 은혜로 교회와 교회법과 더불어 함께 지어져 가는 지체들을 사랑하며 하나님을 영화롭게 하는 우리 모두가 되기를 기도합니다.

사무엘하 2장 4절

"유다 사람들이 와서 거기서 다윗에게 기름을 부어 유다 족속의 왕으로 삼았더라 어떤 사람이 다윗에게 말하여 이르되 사울을 장사한 사람은 길르앗 야베스 사람들이니이다 하매"(개역개정판)

"그리고 유다 사람들이 왔다. 그리고 거기서 그들이 유다의 집 위에 왕으로 다윗에게 기름을 부었다. 그리고 그들이 다윗에게 보고 했다. 말하기를 길르앗 야베스 사람들이 사울을 장사한 것을"(원문직역)

사무엘하 2장은 다윗이 유다 지파 왕으로 등극하고 사울의 아들 이스보셋이 이스라엘 왕으로 등극하며 아브넬과 요압의 객기로 골육 상쟁의 비극을 기록하고 있습니다.

다윗에게 유다 지파 왕으로 기름 부으신 하나님은?

첫째, 합당한 기도에 응답하시는 분입니다.(삼하 2:1~3)

"그 후에 다윗이 여호와께 여쭈어 아뢰되 내가 유다 한 성읍으로 올라 가리이까 여호와께서 이르시되 올라가라 다윗이 아뢰되 어디로 가리이까 이르시되 헤브론으로 갈지니라"(삼하 2:1)

둘째, 언약을 신실하게 이행하시는 분입니다.

"유다 사람들이 와서 거기서 다윗에게 기름을 부어 유다 족속의 왕으로 삼았더라"(삼하 2:4하)

"규가 유다를 떠나지 아니하며 통치자의 지팡이가 그 발 사이에서 떠나지 아니하

기를 실로가 오시기까지 이르리니 그에게 모든 백성이 복종하리로다"(창 49:10)

"사무엘이 기름 뿔병을 가져다가 그의 형제 중에서 그에게 부었더니 이 날 이후로 다윗이 여호와의 영에게 크게 감동되니라 사무엘이 떠나서 라마로 가니라"(삼상 16:13)

셋째, 은혜를 소중하게 여기는 사람들에게 은혜와 진리의 은총을 베푸시는 분입니다.(삼하 2:4하~7)

"다윗이 길르앗 야베스 사람들에게 전령들을 보내 그들에게 이르되 너희가 너희 주 사울에게 이처럼 은혜를 베풀어 그를 장사하였으니 여호와께 복을 받을지어다 너희가 이 일을 하였으니 이제 여호와께서 은혜와 진리로 너희에게 베푸시기를 원하고 나도 이 선한 일을 너희에게 갚으리니"(삼하 2:5~6)

넷째, 지체들끼리 싸우는 것을 싫어하시는 분입니다.(삼하 2:8~32)

"아브넬과 그의 부하들이 밤새도록 걸어서 아라바를 지나 요단을 건너 비드론 온 땅을 지나 마하나임에 이르니라 요압이 아브넬 쫓기를 그치고 돌아와 무리를 다 모으니 다윗의 신복 중에 열아홉 명과 아사헬이 없어졌으나 다윗의 신복들이 베냐민과 아브넬에게 속한 자들을 쳐서 삼백육십 명을 죽였더라 무리가 아사헬을 들어올려 베들레헴에 있는 그의 조상 묘에 장사하고 요압과 그의 부하들이 밤새도록 걸어서 헤브론에 이른 때에 날이 밝았더라"(삼하 2:29~32)

하나님께서는 지체들과의 전쟁 주동자인 아브넬과 요압을 섭리중에 심판하셨습니다.

"아브넬이 헤브론으로 돌아오매 요압이 더불어 조용히 말하려는 듯이 그를 데리고 성문 안으로 들어가 거기서 배를 찔러 죽이니이는 자기의 동생 아사헬의 피로 말미암음이더라"(삼하 3:27)

"여호와께서 요압의 피를 그의 머리로 돌려보내실 것은 그가 자기보다 의롭고 선한 두 사람을 쳤음이니 곧 이스라엘 군사령관 넬의 아들 아브넬과 유다 군사령관 예델의 아들 아마사를 칼로 죽였음이라 이 일을 내 아버지 다윗은 알지 못하셨나니 그들의 피는 영영히 요압의 머리와 그의 자손의 머리로 돌아갈지라도 다윗과 그의 자손과 그의 집과 그의 왕위에는 여호와께로 말미암는 평강이 영원히 있으리라 여호야다의 아들 브나야가 곧 올라가서 그를 쳐죽이매 그가 광야에 있는 자기의 집에 매장되니라"(왕상 2:32~34)

그러므로 성삼위 하나님의 은혜로 지체들과 화목하게 지내며 하나님을 영화롭게 하는 우리 모두가 되기를 기도합니다.

사무엘하 3장 33절

"왕이 아브넬을 위하여 애가를 지어 이르되 아브넬의 죽음이 어찌하여 미련한 자의 죽음 같은고"(개역개정판)

"그리고 그 왕이 아브넬을 위하여 애가를 불렀다. 그리고 그가 말하였다. 어리석은 자의 죽음처럼 아브넬이 죽었는가?"(원문직역)

사무엘하 3장은 다윗의 번영과 아브넬의 귀순과 피살을 기록하고 있습니다.

아브넬의 죽음을 애통하는 다윗은?

첫째, 하나님 은혜로 강한 정권을 유지하게 된 사람입니다.

"사울의 집과 다윗의 집 사이에 전쟁이 오래매 다윗은 점점 강하여 가고 사울의 집은 점점 약하여 가니라"(삼하 3:1)

둘째, 아내를 많이 두어 자식 때문에 힘들게 살았던 사람입니다.(삼하 3:2~5)

"다윗이 헤브론에서 아들들을 낳았으되 맏아들은 암논이라 이스르엘 여인 아히노암의 소생이요 둘째는 길르압이라 갈멜 사람 나발의 아내였던 아비가일의 소생이요 셋째는 압살롬이라 그술 왕 달매의 딸 마아가의 아들이요"(삼하 3:2~3)
"그에게 아내를 많이 두어 그의 마음이 미혹되게 하지 말 것이며"(신 17:17상)

셋째, 하나님 섭리를 믿는 사람입니다.(삼하 3:12~16)

“아브넬이 자기를 대신하여 전령들을 다윗에게 보내어 이르되 이 땅이 누구의 것이니이까 또 이르되 당신은 나와 더불어 언약을 맺사이다 내 손이 당신을 도와 온 이스라엘이 당신에게 돌아가게 하리이다 하니 다윗이 이르되 좋다 내가 너와 언약을 맺거니와 내가 네게 한 가지 일을 요구하노니 나를 보러올 때에 우선 사울의 딸 미갈을 데리고 오라 그리하지 아니하면 내 얼굴을 보지 못하리라 하고”(삼하 3:12~13)

넷째, 언약을 소중하게 여기는 사람입니다.(삼하 3:17~21)

“아브넬이 부하 이십 명과 더불어 헤브론에 이르러 다윗에게 나아가니 다윗이 아브넬과 그와 함께 한 사람을 위하여 잔치를 배설하였더라”(삼하 3:20)

다섯째, 교회법을 소중하게 여기는 사람입니다.(삼하 3:22~30)

“그 후에 다윗이 듣고 이르되 넬의 아들 아브넬의 피에 대하여 나와 내 나라는 여호와 앞에 영원히 무죄하니 그 죄가 요압의 머리와 그의 아버지의 온 집으로 돌아갈지어다 또 요압의 집에서 백탁병자나 나병 환자나 지팡이를 의지하는 자나 칼에 죽는 자나 양식이 떨어진 자가 끊어지지 아니할지로다 하니라 요압과 그의 동생 아비새가 아브넬을 죽인 것은 그가 기브온 전쟁에서 자기 동생 아사헬을 죽인 까닭이었더라”(삼하 3:27~30)

여섯째, 영혼을 사랑하며 교회를 하나되게 하는 공적 직분자를 소중하게 여긴 사람입니다.(삼하 3:31~39)

“왕이 아브넬을 위하여 애가를 지어 이르되 아브넬의 죽음이 어찌하여 미련한 자의 죽음 같은고 네 손이 결박되지 아니하였고 네 발이 차꼬에 채이지 아니하였거늘 불의한 자식의 앞에 엎드러짐 같이 네가 엎드러졌도다 하매 온 백성이 다시 그를 슬퍼하여 우니라”(삼하 3:33~34)

“왕이 그의 신복에게 이르되 오늘 이스라엘의 지도자요 큰 인물이 죽은 것을 알지 못하느냐”(삼하 3:38)

그리스도인은 더불어 함께 지어져가는 지체를 소중하게 여기는 사람입니다.

그러므로 성삼위 하나님의 은혜로 함께 지어져가는 지체를 소중히 여기며 하나님을 영화롭게 하는 우리 모두가 되기를 기도합니다.

사무엘하 4장 1절

"사울의 아들 이스보셋은 아브넬이 헤브론에서 죽었다 함을 듣고 손의 맥이 풀렸고 온 이스라엘이 놀라니라"(개역개정판)

"그리고 사울의 아들이 아브넬이 헤브론에서 죽었다는 것을 들었다. 그리고 그의 손이 힘이 빠졌다. 그리고 모든 이스라엘이 떨었다"(원문직역)

사무엘하 4장은 사울의 아들 이스보셋이 암살 당하는 내용이 기록되어 있습니다.

예수 그리스도의 대속 사역 은총으로 구원받은 그리스도인들은?

첫째, 하나님만 의지하는 사람들입니다.

"사울의 아들 이스보셋은 아브넬이 헤브론에서 죽었다 함을 듣고 손의 맥이 풀렸고 온 이스라엘이 놀라니라"(삼하 4:1)

둘째, 기회주의적 삶을 사는 사람들이 아닙니다.(삼하 4:2~8)

"브에롯 사람 림몬의 아들 레갑과 바아나가 길을 떠나 볕이 쬘 때 즈음에 이스보셋의 집에 이르니 마침 그가 침상에서 낮잠을 자는지라 레갑과 그의 형제 바아나가 밀을 가지러 온 체하고 집 가운데로 들어가서 그의 배를 찌르고 도망하였더라 그들이 집에 들어가니 이스보셋이 침실에서 침상 위에 누워 있는지라 그를 쳐죽이고 목을 베어 그의 머리를 가지고 밤새도록 아라바 길로 가 헤브론에 이르러 다윗 왕에게 이스보셋의 머리를 드리며 아뢰되 왕의 생명을 해하려 하던 원수 사울의 아들 이스보셋의 머리가 여기 있나이다 여호와께서 오늘 우리 주 되신 왕의 원수

를 사울과 그의 자손에게 갚으셨나이다 하니"(삼하 4:5~8)

셋째, 교회법을 소중하게 여기는 사람들입니다.

"다윗이 브에롯 사람 림몬의 아들 레갑과 그의 형제 바아나에게 대답하여 그들에게 이르되 내 생명을 여러 환난 가운데서 건지신 여호와께서 살아 계심을 두고 맹세하노니 전에 사람이 내게 알리기를 보라 사울이 죽었다 하며 그가 좋은 소식을 전하는 줄로 생각하였어도 내가 그를 잡아 시글락에서 죽여서 그것을 그 소식을 전한 갚음으로 삼았거든 하물며 악인이 의인을 그의 집 침상 위에서 죽인 것이겠느냐 그런즉 내가 악인의 피흘린 죄를 너희에게 갚아서 너희를 이 땅에서 없이하지 아니하겠느냐 하고 청년들에게 명령하매 곧 그들을 죽이고 수족을 베어 헤브론 못 가에 매달고 이스보셋의 머리를 가져다가 헤브론에서 아브넬의 무덤에 매장하였더라"(삼하 4:9~12)

하나님께서는 그리스도인들에게 충성스럽고 신실하며 순결한 믿음을 선물로 주시고 예수 그리스도의 성품을 드러내며 살게 하십니다.

"예수 그리스도의 종이며 사도인 시몬 베드로는 우리 하나님과 구주 예수 그리스도의 의를 힘입어 동일하게 보배로운 믿음을 우리와 함께 받은 자들에게 편지하노니 하나님과 우리 주 예수를 앎으로 은혜와 평강이 너희에게 더욱 많을지어다 그의 신기한 능력으로 생명과 경건에 속한 모든 것을 우리에게 주셨으니 이는 자기의 영광과 덕으로써 우리를 부르신 이를 앎으로 말미암음이라 이로써 그 보배롭고 지극히 큰 약속을 우리에게 주사 이 약속으로 말미암아 너희가 정욕 때문에 세상에서 썩어질 것을 피하여 신성한 성품에 참여하는 자가 되게 하려 하셨느니라"(벧후 1:1~4)

그러므로 성삼위 하나님의 은혜로 바른 믿음의 위치에서 살아가며 하나님을 영화롭게 하는 우리 모두가 되기를 기도합니다.

사무엘하 5장 1절

"이스라엘 모든 지파가 헤브론에 이르러 다윗에게 나아와 이르되 보소서 우리는 왕의 한 골육이니이다"(개역개정판)

"그리고 이스라엘 모든 지파가 그 헤브론으로 다윗에게 왔다. 그리고 그들이 말하고 말하였다. 보라 우리는 너의 뼈 그리고 우리는 너의 살"(원문직역)

사무엘하 5장은 다윗이 이스라엘 12지파 왕으로 기름부음과 이스라엘의 남북 지역의 중심되는 예루살렘을 정복하고 블레셋 전쟁의 승리를 기록하고 있습니다.

이스라엘 왕이 된 다윗은?

첫째, 언약의 은총을 받은 사람입니다.(삼하 5:1~3)

"전에 곧 사울이 우리의 왕이 되었을 때에도 이스라엘을 거느려 출입하게 하신 분은 왕이시었고 여호와께서도 왕에게 말씀하시기를 네가 내 백성 이스라엘의 목자가 되며 네가 이스라엘의 주권자가 되리라 하셨나이다 하니라 이에 이스라엘 모든 장로가 헤브론에 이르러 왕에게 나아오매 다윗 왕이 헤브론에서 여호와 앞에 그들과 언약을 맺으매 그들이 다윗에게 기름을 부어 이스라엘 왕으로 삼으니라"(삼하 5:2~3)

둘째, 하나님과 동행한 사람입니다.

"만군의 하나님 여호와께서 함께 계시니 다윗이 점점 강성하여 가니라 두로 왕 히람이 다윗에게 사절들과 백향목과 목수와 석수를 보내매 그들이 다윗을 위하여 집을 지으니 다윗이 여호와께서 자기를 세우사 이스라엘 왕으로 삼으신 것과 그 의 백성 이스라엘을 위하여 그 나라를 높이신 것을 알았더라"(삼하 5:10~12)

셋째, 시대 풍습에 영향 받는 연약한 한계성을 지닌 사람입니다.(삼하 5:13 ~16)

"다윗이 헤브론에서 올라온 후에 예루살렘에서 처첩들을 더 두었으므로 아들과 딸들이 또 다윗에게서 나니"(삼하 5:13)

"그에게 아내를 많이 두어 그의 마음이 미혹되게 하지 말 것이며"(신 17:17상)

"예수께서 이르시되 모세가 너희 마음의 완악함 때문에 아내 버림을 허락하였거니와 본래는 그렇지 아니하니라"(마 19:8)

넷째, 기도하는 사람입니다.(삼후 5:17~19)

"다윗이 여호와께 여쭈어 이르되 내가 블레셋 사람에게로 올라가리이까 여호와께서 그들을 내 손에 넘기시겠나이까 하니 여호와께서 다윗에게 말씀하시되 올라가라 내가 반드시 블레셋 사람을 네 손에 넘기리라 하신지라"(삼하 5:19)

다섯째, 하나님께 영광돌리는 사람입니다.

"다윗이 바알브라심에 이르러 거기서 그들을 치고 다윗이 말하되 여호와께서 물을 흩음 같이 내 앞에서 내 대적을 흩으셨다 하므로 그 곳 이름을 바알브라심이라 부르니라"(삼하 5:20)

여섯째, 순종하는 사람입니다.(삼하 5:22~25)

"뽕나무 꼭대기에서 걸음 걷는 소리가 들리거든 곧 공격하라 그 때에 여호와가 너보다 앞서 나아가서 블레셋 군대를 치리라 하신지라 이에 다윗이 여호와의 명령대로 행하여 블레셋 사람을 쳐서 게바에서 게셀까지 이르니라"(삼하 5:24~25)

예수 그리스도의 모형적 인물인 다윗은 연약한 시대 한계성에 영향을 받지만 신실한 하나님 사람입니다.

"사무엘이 사울에게 이르되 왕이 망령되이 행하였도다 왕이 왕의 하나님 여호와께서 왕에게 내리신 명령을 지키지 아니하였도다 그리하였더라면 여호와께서 이스라엘 위에 왕의 나라를 영원히 세우셨을 것이거늘 지금은 왕의 나라가 길지 못할 것이라 여호와께서 왕에게 명령하신 바를 왕이 지키지 아니하였으므로 여호와께서 그의 마음에 맞는 사람을 구하여 여호와께서 그를 그의 백성의 지도자로 삼으셨느니라 하고"(삼상 13:13~14)

그러므로 성삼위 하나님 은혜로 신실한 하나님 사람이 되어 하나님을 영화롭게 하는 우리 모두가 되기를 기도합니다.

사무엘하 6장 16장

"여호와의 궤가 다윗 성으로 들어올 때에 사울의 딸 미갈이 창으로 내다보다가 다윗 왕이 여호와 앞에서 뛰놀며 춤추는 것을 보고 심중에 그를 업신여기니라"(개역개정판)

"그리고 여호와의 궤가 있었다. 그것이 다윗 성에 들어왔다. 그리고 사울의 딸 미갈이 그 창문을 통해 바라보았다. 그리고 그녀는 여호와 앞에서 뛰며 춤 추는 그 다윗 왕을 보았다. 그리고 그녀가 그녀의 마음 속으로 그를 멸시했다"(원문직역)

사무엘하 6장은 다윗 왕이 하나님을 사랑해서 언약궤를 약 70년 만에 예루살렘에 있는 다윗 성으로 옮기는 장면을 기록하고 있습니다.

언약궤를 다윗 성으로 옮기는 다윗 왕은?

첫째, 하나님을 섬기는 의식법에 무지했습니다.(삼하 6:1~8)

"그들이 하나님의 궤를 새 수레에 싣고 산에 있는 아비나답의 집에서 나오는데 아비나답의 아들 웃사와 아효가 그 새 수레를 모니라"(삼하 6:3)

"그들이 나곤의 타작 마당에 이르러서는 소들이 뛰므로 웃사가 손을 들어 하나님의 궤를 붙들었더니 여호와 하나님이 웃사가 잘못함으로 말미암아 진노하사 그를 그 곳에서 치시니 그가 거기 하나님의 궤 곁에서 죽으니라"(삼하 6:6~7)

"진영을 떠날 때에 아론과 그의 아들들이 성소와 성소의 모든 기구 덮는 일을 마치거든 고핫 자손들이 와서 멜 것이니라 그러나 성물은 만지지 말라 그들이 죽으리라 회막 물건 중에서 이것들은 고핫 자손이 멜 것이며"(민 4:15)

둘째, 하나님을 두려워하며 무지를 회개했습니다.

"다윗이 그 날에 여호와를 두려워하여 이르되 여호와의 궤가 어찌 내게로 오리요 하고 다윗이 여호와의 궤를 옮겨 다윗 성 자기에게로 메어 가기를 즐겨하지 아니하고 가드 사람 오벧에돔의 집으로 메어 간지라"(삼하 6:6~7)

"전에는 너희가 메지 아니하였으므로 우리 하나님 여호와께서 우리를 찢으셨으니 이는 우리가 규례대로 그에게 구하지 아니하였음이라 하니"(대상 15:13)

셋째, 의식법에 순종했습니다.(삼하 6:11~19)

"여호와의 궤를 멘 사람들이 여섯 걸음을 가매 다윗이 소와 살진 송아지로 제사를 드리고 다윗이 여호와 앞에서 힘을 다하여 춤을 추는데 그 때에 다윗이 베 에봇을 입었더라 다윗과 온 이스라엘 족속이 즐거이 환호하며 나팔을 불고 여호와의 궤를 메어오니라"(삼하 6:13~15)

"여호와의 궤를 메고 들어가서 다윗이 그것을 위하여 친 장막 가운데 그 준비한 자리에 그것을 두매 다윗이 번제와 화목제를 여호와 앞에 드리니라 다윗이 번제와 화목제 드리기를 마치고 만군의 여호와의 이름으로 백성에게 축복하고"(삼하 6:17~18)

"모세가 여호와의 말씀을 따라 명령한 대로 레위 자손이 채에 하나님의 궤를 꿰어 어깨에 메니라"(대상 15:15)

넷째, 하나님을 사랑하고 영화롭게 했습니다.

"다윗이 미갈에게 이르되 이는 여호와 앞에서 한 것이니라 그가 네 아버지와 그의 온 집을 버리시고 나를 택하사 나를 여호와의 백성 이스라엘의 주권자로 삼으셨으니 내가 여호와 앞에서 뛰놀리라 내가 이보다 더 낮아져서 스스로 천하게 보일지라도 네가 말한 바 계집종에게는 내가 높임을 받으리라 한지라"(삼하 6:21~22)

하나님을 사랑하지 않고 영화롭게 하지도 않고 오히려 예수 그리스도를 예표하는 다윗 왕을 업신여기고 모욕한 사울의 딸 미갈은 남편인 다윗 왕으로부터 버림 받은 삶을 살았습니다.

"여호와의 궤가 다윗 성으로 들어올 때에 사울의 딸 미갈이 창으로 내다보다가 다윗 왕이 여호와 앞에서 뛰놀며 춤추는 것을 보고 심중에 그를 업신여기니라"(삼하 6:16)

"다윗이 자기의 가족에게 축복하러 돌아오매 사울의 딸 미갈이 나와서 다윗을 맞으며 이르되 이스라엘 왕이 오늘 어떻게 영화로우신지 방탕한 자가 염치 없이 자기의 몸을 드러내는 것처럼 오늘 그의 신복의 계집종의 눈앞에서 몸을 드러내셨도다 하니"(삼하 6:20)

"그러므로 사울의 딸 미갈이 죽는 날까지 그에게 자식이 없으니라"(삼하 6:23)

그러므로 성삼위 하나님의 은혜로 하나님을 사랑하고 하나님을 영화롭게 하는 우리 모두가 되기를 기도합니다

사무엘하 7장 1절

"여호와께서 주위의 모든 원수를 무찌르사 왕으로 궁에 평안히 살게 하신 때에"(개역개정판)

"그리고 참으로 그 왕이 그의 집에 거했던 때였다. 그리고 여호와께서 그를 위해 주위에 있는 그의 모든 원수로부터 쉬게 하셨다"(원문직역)

사무엘하 7장은 하나님께서 하나님 영광을 위해 다윗 주위에 있는 사방의 적들을 물리치게 하시고 다윗에게 쉼을 허락하셨습니다.

안식의 은총을 받은 다윗 왕은 성전 건축을 계획합니다.

"여호와께서 주위의 모든 원수를 무찌르사 왕으로 궁에 평안히 살게 하신 때에 왕이 선지자 나단에게 이르되 볼지어다 나는 백향목 궁에 살거늘 하나님의 궤는 휘장 가운데에 있도다"(삼하 7:1~2)

하나님께서는 하나님 나라와 의를 사모하는 다윗 왕에게?

첫째, 예수 그리스도를 예표하는 모형적 인물이 되게 하시겠다고 언약하셨습니다.(삼하 7:3~9)

"그러므로 이제 내 종 다윗에게 이와 같이 말하라 만군의 여호와께서 이와 같이 말씀하시기를 내가 너를 목장 곧 양을 따르는 데에서 데려다가 내 백성 이스라엘의 주권자로 삼고 네가 가는 모든 곳에서 내가 너와 함께 있어 네 모든 원수를 네 앞에서 멸하였은즉 땅에서 위대한 자들의 이름 같이 네 이름을 위대하게 만들어 주리라"(삼하 7:8~9)

"너희는 귀를 기울이고 내게로 나아와 들으라 그리하면 너희의 영혼이 살리라 내가 너희를 위하여 영원한 언약을 맺으리니 곧 다윗에게 허락한 확실한 은혜이니라 보라 내가 그를 만민에게 증인으로 세웠고 만민의 인도자와 명령자로 삼았나니 보라 네가 알지 못하는 나라를 네가 부를 것이며 너를 알지 못하는 나라가 네게로 달려올 것은 여호와 네 하나님 곧 이스라엘의 거룩하신 이로 말미암음이니라 이는 그가 너를 영화롭게 하였느니라"(사 55:3~5)

둘째, 하나님 나라 왕이신 예수 그리스도께서 다윗의 후손으로 오실 것을 언약하셨습니다.(삼하 7:10~12)

"네 수한이 차서 네 조상들과 함께 누울 때에 내가 네 몸에서 날 네 씨를 네 뒤에 세워 그의 나라를 견고하게 하리라"(삼하 7:12)

"아브라함과 다윗의 자손 예수 그리스도의 계보라"(마 1:1)

셋째, 다윗의 후손인 예수 그리스도께서 하나님 나라를 건설하실 것을 언약하셨습니다.

"그는 내 이름을 위하여 집을 건축할 것이요 나는 그의 나라 왕위를 영원히 견고하게 하리라"(삼하 7:13)

"예수께서 이르시되 내가 다른 동네들에서도 하나님의 나라 복음을 전하여야 하리니 나는 이 일을 위해 보내심을 받았노라 하시고"(눅 4:43)

다윗 왕의 아들 솔로몬은 예수 그리스도를 예표하는 왕입니다.

넷째, 다윗의 왕권이 보존되고 부성적 사랑으로 징계하실 것을 말씀하셨습니다.

"나는 그에게 아버지가 되고 그는 내게 아들이 되리니 그가 만일 죄를 범하면 내가 사람의 매와 인생의 채찍으로 징계하려니와 내가 네 앞에서 물러나게 한 사울에게서 내 은총을 빼앗은 것처럼 그에게서 빼앗지는 아니하리라 네 집과 네 나라가 내 앞에서 영원히 보전되고 네 왕위가 영원히 견고하리라 하셨다 하라"(삼하 7:14~16)

예수 그리스도께서 다스리는 하나님 나라는 영원한 나라입니다.

"참으로 크도다 그의 이적이여, 참으로 능하도다 그의 놀라운 일이여, 그의 나라는 영원한 나라요 그의 통치는 대대에 이르리로다"(단 4:3)

다섯째, 하나님께서 광대하신 분임을 알게 하셨습니다.(삼하 7:17~22)

"그런즉 주 여호와여 이러므로 주는 위대하시니 이는 우리 귀로 들은 대로는 주와 같은 이가 없고 주 외에는 신이 없음이니이다"(삼하 7:22)

여섯째, 하나님께서는 스스로 낮아지셔서 언약을 맺으시고 그 맺으신 언약을 신실과 성실로 이행하시는 분임을 알게 하셨습니다.(삼하 7:24~26)

"주께서 주의 백성 이스라엘을 세우사 영원히 주의 백성으로 삼으셨사오니 여호와여 주께서 그들의 하나님이 되셨나이다"(삼하 7:24)

일곱째, 하나님 나라와 의를 위해 기도하는 사람이 되게 하셨습니다.(삼하 7:27~29)

"이제 청하건대 종의 집에 복을 주사 주 앞에 영원히 있게 하옵소서 주 여호와께서 말씀하셨사오니 주의 종의 집이 영원히 복을 받게 하옵소서 하니라"(삼하 7:29)

다윗 왕의 기도의 응답은 다윗 왕의 후손으로 오신 하나님 나라 왕이신 예수님께서 하나님 보좌 우편에 앉으시는 것으로 응답하셨습니다.

"내가 또 들으니 하늘 위에와 땅 위에와 땅 아래와 바다 위에와 또 그 가운데 모든 피조물이 이르되 보좌에 앉으신 이와 어린 양에게 찬송과 존귀와 영광과 권능을 세세토록 돌릴지어다 하니"(계 5:13)

그리스도인은 다윗 왕처럼 하나님 나라와 의를 사모하는 사람입니다.

"그런즉 너희는 먼저 그의 나라와 그의 의를 구하라 그리하면 이 모든 것을 너희에게 더하시리라"(마 6:33)

그러므로 성삼위 하나님의 은혜로 하나님 나라와 의를 위해 헌신하며 하나님을 영화롭게 하는 우리 모두가 되기를 기도합니다.

사무엘하 8장 1절

"그 후에 다윗이 블레셋 사람들을 쳐서 항복을 받고 블레셋 사람들의 손에서 메덱암마를 빼앗으니라"(개역개정판)

"그리고 이러한 일이 지난 뒤였다. 그리고 다윗이 블레셋 사람들을 쳐부수었다. 그리고 그가 그들을 굴복시켰다. 그리고 다윗이 블레셋 사람들의 손으로부터 메덱암마를 취하였다"(원문직역)

사무엘하 8장은 다윗 왕이 인접 부족과 나라들을 정복하고 영토를 확장하는 말씀입니다.

하나님은 언약을 신실하게 이행하시는 분입니다.

"그 날에 여호와께서 아브람과 더불어 언약을 세워 이르시되 내가 이 땅을 애굽 강에서부터그 큰 강 유브라데까지 네 자손에게 주노니 곧 겐 족속과 그니스 족속과 갓몬 족속과 헷 족속과 브리스 족속과 르바 족속과 아모리 족속과 가나안 족속과 기르가스 족속과 여부스 족속의 땅이니라 하셨더라"(창 15:18~21)
"만민이 너를 섬기고 열국이 네게 굴복하리니"(창 27:29상)

다윗 왕은 하나님께서 아브라함과 맺으신 언약을 신실하게 믿고 하나님께서 지시한 땅을 정복했습니다.

"그 후에 다윗이 블레셋 사람들을 쳐서 항복을 받고 블레셋 사람들의 손에서 메덱암마를 빼앗으니라"(삼하 8:1)
"다윗이 다메섹 아람에 수비대를 두매 아람 사람이 다윗의 종이 되어 조공을 바치니라 다윗이 어디로 가든지 여호와께서 이기게 하시니라"(삼 8:6)
"다윗이 에돔에 수비대를 두되 온 에돔에 수비대를 두니 에돔 사람이 다 다윗의 종

이 되니라 다윗이 어디로 가든지 여호와께서 이기게 하셨더라"(삼하 8:14)

다윗 왕은 만 왕의 왕이시고 만 주의 주이신 예수 그리스도를 예표하는 사람입니다.

하나님 언약을 신실하게 믿고 이방 민족들을 점령하는 다윗은?

첫째, 공의와 자비의 사람입니다.

"다윗이 또 모압을 쳐서 그들로 땅에 엎드리게 하고 줄로 재어 그 두 줄 길이의 사람은 죽이고 한 줄 길이의 사람은 살리니 모압 사람들이 다윗의 종들이 되어 조공을 드리니라"(삼하 8:2)

둘째, 하나님 말씀에 순종하는 사람입니다.

"그에게서 마병 천칠백 명과 보병 이만 명을 사로잡고 병거 일백 대의 말만 남기고 다윗이 그 외의 병거의 말은 다 발의 힘줄을 끊었더니"(삼하 8:4)

"그는 병마를 많이 두지 말 것이요 병마를 많이 얻으려고 그 백성을 애굽으로 돌아가게 하지 말 것이니 이는 여호와께서 너희에게 이르시기를 너희가 이 후에는 그 길로 다시 돌아가지 말것이라 하셨음이며"(신 17:16)

셋째, "미쉬파트"(공의)와 "체다카"(정의)를 행하는 사람입니다.(삼하 8:15~18)

"다윗이 온 이스라엘을 다스려 다윗이 모든 백성에게 정의와 공의를 행할새"(삼하 8:15)

그리스도인은 예수 그리스도의 품 안에서 언약의 말씀에 순종하는 사람입니다.

"믿음으로 아브라함은 부르심을 받았을 때에 순종하여 장래의 유업으로 받을 땅에

나아갈새 갈 바를 알지 못하고 나아갔으며”(히 11:8)

그러므로 성삼위 하나님의 은혜로 하나님 말씀에 순종하며 하나님을 영화롭게 하는 우리 모두가 되기를 기도합니다.

사무엘하 9장 1절

"다윗이 이르되 사울의 집에 아직도 남은 사람이 있느냐 내가 요나단으로 말미암아 그 사람에게 은총을 베풀리라 하니라"(개역한글판)

"그리고 다윗이 말하였다. 사울의 집에 참으로 남겨진 사람이 아직 있느냐? 그리고 내가 요나단을 위하여 그에게 인애를 베풀 것이다"(원문직역)

사무엘하 9장은 다윗 왕이 사울의 집을 후대하는 내용의 말씀입니다.

다윗 왕은 사울의 집을 후대하고 회복시켰습니다.

"므비보셋에게 어린 아들 하나가 있으니 이름은 미가더라 시바의 집에 사는 자마다 므비보셋의 종이 되니라"(삼하 9:12)
"요나단의 아들은 므립바알이라 므립바알은 미가를 낳았고 미가의 아들들은 비돈과 멜렉과 다레아와 아하스이며 아하스는 여호앗다를 낳고 여호앗다는 알레멧과 아스마웻과 시므리를 낳고 시므리는 모사를 낳고 모사는 비느아를 낳았으며 비느아의 아들은 라바요 그의 아들은 엘르아사요 그의 아들은 아셀이며 아셀에게 여섯 아들이 있어 그들의 이름은 이러하니 아스리감과 보그루와 이스마엘과 스아랴와 오바댜와 하난이라 아셀의 모든 아들이 이러하며 그의 아우 에섹의 아들은 이러하니 그의 맏아들은 울람이요 둘째는 여우스요 셋째는 엘리벨렛이며 울람의 아들은 다 용감한 장사요 활을 잘 쏘는 자라 아들과 손자가 많아 모두 백오십 명이었더라 베냐민의 자손들은 이러하였더라"(대상 8:34~40)

사울의 집을 후대하고 회복시킨 다윗 왕은?

첫째, 원수를 사랑하는 사람입니다.

"다윗이 이르되 사울의 집에 아직도 남은 사람이 있느냐"(삼하 9:1상)

"또 네 이웃을 사랑하고 네 원수를 미워하라 하였다는 것을 너희가 들었으나 나는 너희에게 이르노니 너희 원수를 사랑하며 너희를 박해하는 자를 위하여 기도하라 이같이 한즉 하늘에 계신 너희 아버지의 아들이 되리니 이는 하나님이 그 해를 악인과 선인에게 비추시며 비를 의로운 자와 불의한 자에게 내려주심이라"(마 5:43~45)

둘째, 언약을 신실하게 이행하는 사람입니다.

"내가 요나단으로 말미암아 그 사람에게 은총을 베풀리라 하니라"(삼하 9:1하)

"너는 내가 사는 날 동안에 여호와의 인자하심을 내게 베풀어서 나를 죽지 않게 할 뿐 아니라 여호와께서 너 다윗의 대적들을 지면에서 다 끊어 버리신 때에도 너는 네 인자함을 내 집에서 영원히 끊어 버리지 말라 하고 이에 요나단이 다윗의 집과 언약하기를 여호와께서는 다윗의 대적들을 치실지어다 하니라"(삼상 20:14~16)

셋째, 은혜를 갚는 사람입니다.(삼하 9:2~13)

"다윗이 그에게 이르되 무서워하지 말라 내가 반드시 네 아버지 요나단으로 말미암아 네게 은총을 베풀리라 내가 네 할아버지 사울의 모든 밭을 다 네게 도로 주겠고 또 너는 항상 내 상에서 떡을 먹을지니라 하니"(삼하 9:7)

그리스도인은 삼위일체 하나님과 구속 언약을 맺으시고 그 맺으신 언약을 신실하게 이행하시는 예수 그리스도의 대속 사역 은총으로 하나님의 자녀가 되는 은혜를 입은 사람들입니다.

"찬송하리로다 하나님 곧 우리 주 예수 그리스도의 아버지께서 그리스도 안에서 하늘에 속한 모든 신령한 복을 우리에게 주시되 곧 창세 전에 그리스도 안에서 우리를 택하사 우리로 사랑 안에서 그 앞에 거룩하고 흠이 없게 하시려고 그 기쁘신 뜻대로 우리를 예정하사 예수 그리스도로 말미암아 자기의 아들들이 되게 하셨으니"(엡 1:3~5)

그리스도인은 삼위일체 하나님과 예수 그리스도에게 "오페일로"(빚지고 있다)인 십자가 대속 사역 은총의 빚을 지고 있는 사람들입니다.

그리스도인은 빚진 자의 위치에서 빚을 갚기 위해 은혜를 베푸는 사람들입니다.

"헬라인이나 야만인이나 지혜 있는 자나 어리석은 자에게 다 내가 빚진 자라"(롬 1:14)

그리스도인은 예수 그리스도의 대속 사역 은총의 빚을 갚기 위해 최선의 삶을 살아도 성자 하나님이신 예수님께서 인간의 혈과 육을 취하시고 참 하나님이시고 참 사람으로 세상에 오셔서 우리들을 위해 고난 받으시고 십자가에 못박혀 죽으신 대속 사역 은총의 빚을 갚을 수 없는 무익한 종들입니다.

"이와 같이 너희도 명령 받은 것을 다 행한 후에 이르기를 우리는 무익한 종이라 우리가 하여야 할 일을 한 것뿐이라 할지니라"(눅 17:10)

"무릇 우리는 다 부정한 자 같아서 우리의 의는 다 더러운 옷 같으며 우리는 다 잎사귀 같이 시들므로 우리의 죄악이 바람 같이 우리를 몰아가나이다"(사 64:6)

그러므로 성삼위 하나님의 은혜로 겸손한 빚진 자의 위치에서 십자가 대속 사역 은총의 빚을 갚기 위해 지체들과 이웃들과 원수들에게 은혜를 베풀며 하나님을 영화롭게 하는 우리 모두가 되기를 기도합니다.

사무엘하 10장 1절

"그 후에 암몬 자손의 왕이 죽고 그의 아들 하눈이 대신하여 왕이 되니"(개역개정판)

"그리고 이 일 후였다. 그리고 암몬 아들들의 왕이 죽었다. 그리고 그의 아들 하눈이 그를 이어서 통치했다"(원문직역)

사무엘하 10장은 다윗 왕이 암몬과 암몬의 연합군인 아람을 물리치는 말씀입니다.

암몬과 암몬의 연합군인 아람을 물리친 다윗 왕은?

첫째, 은혜를 갚는 사람입니다.

"그 후에 암몬 자손의 왕이 죽고 그의 아들 하눈이 대신하여 왕이 되니 다윗이 이르되 내가 나하스의 아들 하눈에게 은총을 베풀되 그의 아버지가 내게 은총을 베푼 것 같이 하리라 하고 다윗이 그의 신하들을 보내 그의 아버지를 조상하라 하니라 다윗의 신하들이 암몬 자손의 땅에 이르매"(삼하 10:1~2)

둘째, 신하들의 인격을 존중한 사람입니다.(삼하 10:3~5)

"사람들이 이 일을 다윗에게 알리니라 그 사람들이 크게 부끄러워하므로 왕이 그들을 맞으러 보내 이르기를 너희는 수염이 자라기까지 여리고에서 머물다가 돌아오라 하니라"(삼하 10:5)

셋째, 신하들을 하나님 말씀으로 잘 가르친 사람입니다.(삼하 10:6~14)

> “이르되 만일 아람 사람이 나보다 강하면 네가 나를 돕고 만일 암몬 자손이 너보다 강하면 내가 가서 너를 도우리라 너는 담대하라 우리가 우리 백성과 우리 하나님의 성읍들을 위하여 담대히 하자 여호와께서 선히 여기시는 대로 행하시기를 원하노라 하고”(삼하 10:11~12)

넷째, 하나님께서 아브라함에게 주신 언약의 말씀을 신실하게 이행하기 위해 전쟁을 치룬 사람입니다.(삼하 10:15~19)

> “아람 사람이 이스라엘 앞에서 도망한지라 다윗이 아람 병거 칠백 대와 마병 사만 명을 죽이고 또 그 군사령관 소박을 치매 거기서 죽으니라 하닷에셀에게 속한 왕들이 자기가 이스라엘 앞에서 패함을 보고 이스라엘과 화친하고 섬기니 그러므로 아람 사람들이 두려워하여 다시는 암몬 자손을 돕지 아니하니라”(삼하 10:18~19)
>
> “그 날에 여호와께서 아브람과 더불어 언약을 세워 이르시되 내가 이 땅을 애굽 강에서부터 그 큰 강 유브라데까지 네 자손에게 주노니”(창 15:18)

그리스도인은 예수 그리스도의 품 안에서 내주하시는 성령님의 능력과 말씀을 따라 영적 전쟁을 치루며 세상을 이기는 사람입니다.

> “무릇 하나님께로부터 난 자마다 세상을 이기느니라 세상을 이기는 승리는 이것이니 우리의 믿음이니라”(요일 5:4)

그러므로 성삼위 하나님의 은혜로 세상을 이기며 하나님을 영화롭게 하는 우리 모두가 되기를 기도합니다.

사무엘하 11장 2절

"저녁 때에 다윗이 그의 침상에서 일어나 왕궁 옥상에서 거닐다가 그 곳에서 보니 한 여인이 목욕을 하는데 심히 아름다워 보이는지라"(개역개정판)

"그리고 그 저녁 시간이 되었을 때였다. 그리고 다윗이 그의 침대로부터 일어났다. 그리고 그가 그 왕의 집 지붕 위에서 걸어다녔다. 그리고 그가 목욕하고 있는 여자를 그 지붕 위에서부터 보았다. 그리고 그 여자는 용모가 매우 아름다웠다"(원문직역)

사무엘하 11장은 다윗 왕이 우리아 아내 밧세바를 범하고 그의 남편인 우리야를 죽이는 내용을 기록하고 있습니다.

범죄하는 다윗 왕은?

첫째, 안목의 정욕의 다스림 받았습니다.

"저녁 때에 다윗이 그의 침상에서 일어나 왕궁 옥상에서 거닐다가 그 곳에서 보니 한 여인이 목욕을 하는데 심히 아름다워 보이는지라"(삼하 11:2)
"이는 세상에 있는 모든 것이 육신의 정욕과 안목의 정욕과 이생의 자랑이니 다 아버지께로부터 온 것이 아니요 세상으로부터 온 것이라"(요일 2:16)

둘째, "싸륵스"(육체의 정욕)의 다스림 받고 포로와 노예가 되었습니다.(삼하 11:3~5)

"다윗이 사람을 보내 그 여인을 알아보게 하였더니 그가 아뢰되 그는 엘리암의 딸이요 헷 사람 우리아의 아내 밧세바가 아니니이까 하니 다윗이 전령을 보내어 그 여자를 자기에게로 데려오게 하고 그 여자가 그 부정함을 깨끗하게 하였으므로 더불어 동침하매 그 여자가 자기 집으로 돌아가니라"(삼하 11:3~4)

"육체의 일은 분명하니 곧 음행과 더러운 것과 호색과"(갈 5:19)

셋째, 기만의 다스림 받아 죄를 은폐하려고 했습니다.(삼하 11:6~13)

"다윗이 요압에게 기별하여 헷 사람 우리아를 내게 보내라 하매 요압이 우리아를 다윗에게로 보내니 우리아가 다윗에게 이르매 다윗이 요압의 안부와 군사의 안부와 싸움이 어떠했는지를 묻고 그가 또 우리아에게 이르되 네 집으로 내려가서 발을 씻으라 하니 우리아가 왕궁에서 나가매 왕의 음식물이 뒤따라 가니라"(삼하 11:6~8)

"다윗이 그를 불러서 그로 그 앞에서 먹고 마시고 취하게 하니 저녁 때에 그가 나가서 그의 주의 부하들과 더불어 침상에 눕고 그의 집으로 내려가지 아니하니라"(삼하 11:13)

넷째, 악의와 궤계의 다스림 받아 청부 살인을 지시했습니다.

"아침이 되매 다윗이 편지를 써서 우리아의 손에 들려 요압에게 보내니 그 편지에 써서 이르기를 너희가 우리아를 맹렬한 싸움에 앞세워 두고 너희는 뒤로 물러가서 그로 맞아 죽게 하라 하였더라"(삼하 11:14~15)

다섯째, 사특함의 다스림 받아 신하들을 청부 살인의 도구로 썼습니다.

"요압이 그 성을 살펴 용사들이 있는 것을 아는 그 곳에 우리아를 두니 그 성 사람들이 나와서 요압과 더불어 싸울 때에 다윗의 부하 중 몇 사람이 엎드러지고 헷 사람 우리아도 죽으니라"(삼하 11:16~17)

여섯째, 파렴치한 사람이 되었습니다.(삼하 11:18~25)

"다윗이 전령에게 이르되 너는 요압에게 이같이 말하기를 이 일로 걱정하지 말라 칼은 이 사람이나 저 사람이나 삼키느니라 그 성을 향하여 더욱 힘써 싸워 함락시키라 하여 너는 그를 담대하게 하라 하니라"(삼하 11:25)

일곱째, 하나님을 두려워하지 않는 뻔뻔스러운 사람이 되었습니다.

"그 장례를 마치매 다윗이 사람을 보내 그를 왕궁으로 데려오니 그가 그의 아내가 되어 그에게 아들을 낳으니라 다윗이 행한 그 일이 여호와 보시기에 악하였더라"(삼하 11:27)

모든 인생은 전적 타락과 전적 부패와 전적 무능력과 전적 무지를 가진 존재입니다.(롬 3:10~18)

"그 발은 피 흘리는 데 빠른지라"(롬 3:15)

우리 모두는 예수 그리스도의 대속 사역 은총으로 우리들의 모든 죄가 사함받고 모든 죄에 대한 책임과 형벌을 면제 받았음에도 불구하고 천상 교회에 갈 때까지 죄에 대한 부패성과 오염성을 지닌 죄에 대한 연약성을 지닌 존재들입니다.

"만일 우리가 죄가 없다고 말하면 스스로 속이고 또 진리가 우리 속에 있지 아니할 것이요"(요일 1:8)

다윗 왕처럼 선 줄로 생각하는 사람들은 넘어질까 조심해야 합니다.

"그런즉 선 줄로 생각하는 자는 넘어질까 조심하라"(고전 10:12)

"싸륵스"(육체의 정욕)를 천상 교회에 갈 때까지 소유하고 있는 우리들은 날마다 우리 자신들을 십자가에 못 박아야 합니다.

"이에 예수께서 제자들에게 이르시되 누구든지 나를 따라오려거든 자기를 부인하고 자기 십자가를 지고 나를 따를 것이니라"(마 16:24)
"형제들아 내가 그리스도 예수 우리 주 안에서 가진 바 너희에 대한 나의 자랑을 두고 단언하노니 나는 날마다 죽노라"(고전 15:31)
"그러므로 나는 달음질하기를 향방 없는 것 같이 아니하고 싸우기를 허공을 치는 것 같이 아니하며 내가 내 몸을 쳐 복종하게 함은 내가 남에게 전파한 후에 자신

이 도리어 버림을 당할까 두려워함이로다"(고전 9:26~27)

되지도 못하고 자신이 된 줄로 착각하는 사람은 죄에 대하여 무지한 어리석은 사람 입니다.

"만일 누가 아무 것도 되지 못하고 된 줄로 생각하면 스스로 속임이라"(갈 6:3)

그러므로 성삼위 하나님의 은혜로 우리들의 "싸륵스'(육체의 정욕)를 날마다 십자가에 못받고 하나님 말씀의 다스림을 받고 살아가며 하나님을 영화롭게 하는 우리 모두가 되기를 기도합니다.

사무엘하 12장 7절

"나단이 다윗에게 이르되 당신이 그 사람이라 이스라엘의 하나님 여호와께서 이와 같이 이르시기를 내가 너를 이스라엘 왕으로 기름 붓기 위하여 너를 사울의 손에서 구원하고"(개역개정판)

"그리고 나단이 다윗에게 말하였다. 네가 그 사람이다. 이스라엘의 하나님 여호와께서 이렇게 말씀하셨다. 내가 너에게 이스라엘 위에 왕으로 기름부었다. 그리고 내가 사울의 손으로부터 너를 구해내었다"(원문직역)

사무엘하 12장은 하나님께서 나단 선지자를 가지시고 범죄한 다윗을 책망하시는 말씀입니다.

다윗을 책망하시는 하나님은?

첫째, 택한 백성을 거져 내어 버려 두지 않으십니다.

"여호와께서 나단을 다윗에게 보내시니"(삼하 12:1상)

거져 내어 버려 두지 않으시는 것이 하나님 사랑입니다.

"그러므로 하나님께서 그들을 마음의 정욕대로 더러움에 내버려 두사 그들의 몸을 서로 욕되게 하게 하셨으니"(롬 1:24)

둘째, 죄를 지적 하십니다.(삼하 12:1하~9)

"나단이 다윗에게 이르되 당신이 그 사람이라 이스라엘의 하나님 여호와께서 이와 같이 이르시기를 내가 너를 이스라엘 왕으로 기름 붓기 위하여 너를 사울의 손에서 구원하고 네 주인의 집을 네게 주고 네 주인의 아내들을 네 품에 두고 이스라엘과 유다 족속을 네게 맡겼느니라 만일 그것이 부족하였을 것 같으면 내가 네게 이것 저것을 더 주었으리라 그러한데 어찌하여 네가 여호와의 말씀을 업신여기고 나 보기에 악을 행하였느냐 네가 칼로 헷 사람 우리아를 치되 암몬 자손의 칼로 죽이고 그의 아내를 빼앗아 네 아내로 삼았도다"(삼하 12:7~9)

셋째, 징계하실 것을 말씀하십니다.

"이제 네가 나를 업신여기고 헷 사람 우리아의 아내를 빼앗아 네 아내로 삼았은즉 칼이 네 집에서 영원토록 떠나지 아니하리라 하셨고 여호와께서 또 이와 같이 이르시기를 보라 내가 너와 네 집에 재앙을 일으키고 내가 네 눈앞에서 네 아내를 빼앗아 네 이웃들에게 주리니 그 사람들이 네 아내들과 더불어 백주에 동침하리라 너는 은밀히 행하였으나 나는 온 이스라엘 앞에서 백주에 이 일을 행하리라 하셨나이다 하니"(삼하 12:10~12)

넷째, 생명 얻는 회개의 은총을 베푸십니다.

"다윗이 나단에게 이르되 내가 여호와께 죄를 범하였노라 하매"(삼하 12:13상)

다섯째, 성도의 견인 은총을 베푸십니다.

"나단이 다윗에게 말하되 여호와께서도 당신의 죄를 사하셨나니 당신이 죽지 아니하려니와"(삼하 12:13하)

여섯째, 현세적 심판을 하십니다.(삼하 12:14~23)

"이레 만에 그 아이가 죽으니라 그러나 다윗의 신하들이 아이가 죽은 것을 왕에게 아뢰기를 두려워하니 이는 그들이 말하기를 아이가 살았을 때에 우리가 그에게 말하여도 왕이 그 말을 듣지 아니하셨나니 어떻게 그 아이가 죽은 것을 그에게 아뢸 수 있으랴 왕이 상심하시리로다 함이라"(삼하 12:18)

일곱째, 긍휼을 베푸십니다.

"다윗이 그의 아내 밧세바를 위로하고 그에게 들어가 그와 동침하였더니 그가 아들을 낳으매 그의 이름을 솔로몬이라 하니라 여호와께서 그를 사랑하사 선지자 나단을 보내 그의 이름을 여디디야라 하시니 이는 여호와께서 사랑하셨기 때문이더라"(삼하 12:24~25)

여덟째, 영적 침체에서 벗어나 왕의 책무를 담당하게 하십니다.(삼하 12:26~31)

"다윗이 모든 군사를 모아 랍바로 가서 그 곳을 쳐서 점령하고 그 왕의 머리에서 보석 박힌 왕관을 가져오니 그 중량이 금 한 달란트라 다윗이 자기의 머리에 쓰니라 다윗이 또 그 성읍에서 노략한 물건을 무수히 내오고 그 안에 있는 백성들을 끌어내어 톱질과 써레질과 철도끼질과 벽돌구이를 그들에게 하게 하니라 암몬 자손의 모든 성읍을 이같이 하고 다윗과 모든 백성이 예루살렘으로 돌아가니라"(삼하 12:29~31)

하나님은 자신의 영광과 이름을 위하여 우리들을 회복시키시고 의의 길로 인도하시는 분입니다.

"내 영혼을 소생시키시고 자기 이름을 위하여 의의 길로 인도하시는도다"(시 23:3)

그러므로 성삼위 하나님의 은혜로 의의 길을 따라 살아가며 하나님을 영화롭게 하는 우리 모두가 되기를 기도합니다.

사무엘하 13장 1절

"그 후에 이 일이 있으니라 다윗의 아들 압살롬에게 아름다운 누이가 있으니 이름은 다말이라 다윗의 다른 아들 암논이 그를 사랑하나"(개역개정판)

"그리고 그 후에 이 일이 있었다. 그리고 다윗의 아들 압살롬에게 아름다운 누이가 있었다. 그리고 그녀의 이름은 다말이었다. 그리고 다윗의 아들 암논이 그녀를 사랑하였다"(원문직역)

사무엘하 13장은 하나님의 징계로 다윗 왕의 장자 암논의 강간과 분노한 압살롬의 살인 행위가 기록되어 있는 말씀입니다.

하나님께서는 다윗 왕이 우리아의 아내 밧세바를 범하고 우리아를 죽인 사건을 용서하시지만 징계를 하시겠다고 말씀하셨습니다.

"이제 네가 나를 업신여기고 헷 사람 우리아의 아내를 빼앗아 네 아내로 삼았은즉 칼이 네 집에서 영원토록 떠나지 아니하리라 하셨고 여호와께서 또 이와 같이 이르시기를 보라 내가 너와 네 집에 재앙을 일으키고 내가 네 눈앞에서 네 아내를 빼앗아 네 이웃들에게 주리니 그 사람들이 네 아내들과 더불어 백주에 동침하리라 너는 은밀히 행하였으나 나는 온 이스라엘 앞에서 백주에 이 일을 행하리라 하셨나이다 하니 다윗이 나단에게 이르되 내가 여호와께 죄를 범하였노라 하매 나단이 다윗에게 말하되 여호와께서도 당신의 죄를 사하셨나니 당신이 죽지 아니하려니와"(삼하 12:10~13)

예수 그리스도의 대속 사역 은총으로 구원받은 그리스도인들은?

첫째, 악인과 동행하지 않는 사람입니다.(삼하 13:3~5)

"암논에게 요나답이라 하는 친구가 있으니 그는 다윗의 형 시므아의 아들이요 심히 간교한 자라"(삼하 13:3)

"복 있는 사람은 악인들의 꾀를 따르지 아니하며 죄인들의 길에 서지 아니하며 오만한 자들의 자리에 앉지 아니하고"(시 1:1)

둘째, 간음하지 않는 사람입니다.(삼하 13:1~2, 6~20)

"그 후에 이 일이 있으니라 다윗의 아들 압살롬에게 아름다운 누이가 있으니 이름은 다말이라 다윗의 다른 아들 암논이 그를 사랑하나 그는 처녀이므로 어찌할 수 없는 줄을 알고 암논이 그의 누이 다말 때문에 울화로 말미암아 병이 되니라"(삼하 13:1~2)

"그에게 먹이려고 가까이 가지고 갈 때에 암논이 그를 붙잡고 그에게 이르되 나의 누이야 와서 나와 동침하자 하는지라 그가 그에게 대답하되 아니라 내 오라버니여 나를 욕되게 하지 말라 이런 일은 이스라엘에서 마땅히 행하지 못할 것이니이 어리석은 일을 행하지 말라 내가 이 수치를 지니고 어디로 가겠느냐 너도 이스라엘에서 어리석은 자 중의 하나가 되리라 이제 청하건대 왕께 말하라 그가 나를 네게 주기를 거절하지 아니하시리라 하되 암논이 그 말을 듣지 아니하고 다말보다 힘이 세므로 억지로 그와 동침하니라"(삼하 13:11~14)

"또 간음하지 말라 하였다는 것을 너희가 들었으나 나는 너희에게 이르노니 음욕을 품고 여자를 보는 자마다 마음에 이미 간음하였느니라 만일 네 오른 눈이 너로 실족하게 하거든 빼어 내버리라 네 백체 중 하나가 없어지고 온 몸이 지옥에 던져지지 않는 것이 유익하며 또한 만일 네 오른손이 너로 실족하게 하거든 찍어 내버리라 네 백체 중 하나가 없어지고 온 몸이 지옥에 던져지지 않는 것이 유익하니라"(마 5:27~30)

셋째, 교회법을 지키는 사람입니다.

"다윗 왕이 이 모든 일을 듣고 심히 노하니라"(삼하 13:21)

"누구든지 그의 자매 곧 그의 아버지의 딸이나 그의 어머니의 딸을 데려다가 그 여자의 하체를 보고 여자는 그 남자의 하체를 보면 부끄러운 일이라 그들의 민족 앞에서 그들이 끊어질지니 그가 자기의 자매의 하체를 범하였은즉 그가 그의 죄를 담당하리라"(레 20:17)

넷째, 살인하지 않는 사람입니다.(삼하 13:22~39)

"압살롬은 암논이 그의 누이 다말을 욕되게 하였으므로 그를 미워하여 암논에 대하여 잘잘못을 압살롬이 말하지 아니하니라"(삼하 13:22)

"압살롬이 이미 그의 종들에게 명령하여 이르기를 너희는 이제 암논의 마음이 술로 즐거워할 때를 자세히 보다가 내가 너희에게 암논을 치라 하거든 그를 죽이라 두려워하지 말라 내가 너희에게 명령한 것이 아니냐 너희는 담대히 용기를 내라 한지라 압살롬의 종들이 압살롬의 명령대로 암논에게 행하매 왕의 모든 아들들이 일어나 각기 노새를 타고 도망하니라"(삼하 13:28~29)

"옛 사람에게 말한 바 살인하지 말라 누구든지 살인하면 심판을 받게 되리라 하였다는 것을 너희가 들었으나 나는 너희에게 이르노니 형제에게 노하는 자마다 심판을 받게 되고 형제를 대하여 라가라 하는 자는 공회에 잡혀가게 되고 미련한 놈이라 하는 자는 지옥 불에 들어가게 되리라"(마 5:21~22)

하나님께서는 예수 그리스도께서 십자가 대속사역으로 하나님의 공의를 만족시키신 것을 보시고 그리스도인들 죄들을 용서하십니다.

그러나 그리스도인들을 하나님 형상으로 빚으시기 위해 징계하십니다.

"나는 그에게 아버지가 되고 그는 내게 아들이 되리니 그가 만일 죄를 범하면 내가 사람의 매와 인생의 채찍으로 징계하려니와 내가 네 앞에서 물러나게 한 사울에게서 내 은총을 빼앗은 것처럼 그에게서 빼앗지는 아니하리라"(삼하 7:14~15)

"징계는 다 받는 것이거늘 너희에게 없으면 사생자요 친아들이 아니니라"(히 12:8)

그러므로 성삼위 하나님 은혜로 그리스도인의 바른 위치에서 살아가며 하나님을 영화롭게 하는 우리 모두가 되기를 기도합니다.

사무엘하 14장 21절

"왕이 요압에게 이르되 내가 이 일을 허락하였으니 가서 청년 압살롬을 데려오라 하니라"(개역개정판)

"그리고 그 왕이 요압에게 말하였다. 보라 부디 내가 이 일을 행하겠다. 너는 가라. 너는 그 아이 압살롬을 돌아오게 하라"(원문직역)

사무엘하 14장은 다윗 왕의 마음이 암논을 죽이고 3년 동안 망명 생활을 하는 압살롬에게 향하는 것을 깨달은 요압이 드고아에 있는 지혜로운 여자를 가지고 다윗 왕을 설득해서 압살롬이 예루살렘으로 돌아오게 하는 내용의 말씀입니다.

요압은 다윗의 마음을 알고 압살롬을 돌아오게 했습니다.(삼하 14:1~23)

"스루야의 아들 요압이 왕의 마음이 압살롬에게로 향하는 줄 알고 드고아에 사람을 보내 거기서 지혜로운 여인 하나를 데려다가 그에게 이르되 청하건대 너는 상주가 된 것처럼 상복을 입고 기름을 바르지 말고 죽은 사람을 위하여 오래 슬퍼하는 여인 같이 하고 왕께 들어가서 그에게 이러이러하게 말하라고 요압이 그의 입에 할 말을 넣어 주니라"(삼하 14:1-3)

"왕이 요압에게 이르되 내가 이 일을 허락하였으니 가서 청년 압살롬을 데려오라 하니라 요압이 땅에 엎드려 절하고 왕을 위하여 복을 빌고 요압이 이르되 내 주 왕이여 종의 구함을 왕이 허락하시니 종이 왕 앞에서 은혜 입은 줄을 오늘 아나이다 하고 요압이 일어나 그술로 가서 압살롬을 데리고 예루살렘으로 오니"(삼하 14:21~23)

다윗 왕은 압살롬의 죄를 용서하지 못했습니다.

"왕이 이르되 그를 그의 집으로 물러가게 하여 내 얼굴을 볼 수 없게 하라 하매 압살롬이 자기 집으로 돌아가고 왕의 얼굴을 보지 못하니라"(삼하 14:24)

"압살롬이 이태 동안 예루살렘에 있으되 왕의 얼굴을 보지 못하였으므로"(삼하 15:28)

압살롬도 마음 속 깊은 반성과 회개가 없었습니다.(삼하 14:28~32)

"압살롬이 요압에게 대답하되 내가 일찍이 사람을 네게 보내 너를 이리로 오라고 청한 것은 내가 너를 왕께 보내 아뢰게 하기를 어찌하여 내가 그술에서 돌아오게 되었나이까 이 때까지 거기에 있는 것이 내게 나았으리이다 하려 함이로라 이제는 네가 나로 하여금 왕의 얼굴을 볼 수 있게 하라 내가 만일 죄가 있으면 왕이 나를 죽이시는 것이 옳으니라 하는지라"(삼하 14:32)

서로의 마음을 숨기고 어색하게 회복을 했습니다.

"요압이 왕께 나아가서 그에게 아뢰매 왕이 압살롬을 부르니 그가 왕께 나아가 그 앞에서 얼굴을 땅에 대어 그에게 절하매 왕이 압살롬과 입을 맞추니라"(삼하 14:33)

기회주의자인 요압과 용서하지 못하는 다윗 왕과 회개하지 않는 압살롬의 어색한 관계 회복으로 사무엘하 15장부터는 왕위 찬탈을 꾀하는 압살롬의 반역 행위가 나옵니다.

이 모든 일들은 다윗 왕에게 하나님 마음을 알게 하는 하나님의 징계입니다.

"이제 네가 나를 업신여기고 헷 사람 우리아의 아내를 빼앗아 네 아내로 삼았은즉 칼이 네 집에서 영원토록 떠나지 아니하리라 하셨고 여호와께서 또 이와 같이 이르시기를 보라 내가 너와 네 집에 재앙을 일으키고 내가 네 눈앞에서 네 아내를 빼앗아 네 이웃들에게 주리니 그 사람들이 네 아내들과 더불어 백주에 동침하리라"(삼하 12:10~11)

그러므로 성삼위 하나님의 은혜로 그리스도인의 바른 위치에서 살아가며 하나님을 영화롭게 하는 우리 모두가 되기를 기도합니다.

사무엘하 15장 1절

"그 후에 압살롬이 자기를 위하여 병거와 말들을 준비하고 호위병 오십 명을 그 앞에 세우니라"(개역개정판)

"그리고 이 일이 있은 후였다. 그리고 압살롬이 병거와 말들과 그의 앞에서 달릴 50명의 남자를 그를 위하여 준비했다"(원문직역)

사무엘하 15장은 압살롬의 반역을 기록하고 있습니다.

압살롬은?

4년 동안 모반을 준비했습니다.(삼하 15:1~10)

"이스라엘 무리 중에 왕께 재판을 청하러 오는 자들마다 압살롬의 행함이 이와 같아서 이스라엘 사람의 마음을 압살롬이 훔치니라 사 년 만에 압살롬이 왕께 아뢰되 내가 여호와께 서원한 것이 있사오니 청하건대 내가 헤브론에 가서 그 서원을 이루게 하소서"(삼하 15:6~7)

정치적 입지를 구축했습니다.

"그 때 청함을 받은 이백 명이 압살롬과 함께 예루살렘에서부터 헤브론으로 내려갔으니 그들은 압살롬이 꾸민 그 모든 일을 알지 못하고 그저 따라가기만 한 사람들이라 제사 드릴 때에 압살롬이 사람을 보내 다윗의 모사 길로 사람 아히도벨을 그의 성읍 길로에서 청하여 온지라 반역하는 일이 커가매 압살롬에게로 돌아오는 백성이 많아지니라"(삼하 15:11~12)

다윗 왕은?

피신했습니다.(삼하 15:13~16)

"다윗이 예루살렘에 함께 있는 그의 모든 신하들에게 이르되 일어나 도망하자 그렇지 아니하면 우리 중 한 사람도 압살롬에게서 피하지 못하리라 빨리 가자 두렵건대 그가 우리를 급히 따라와 우리를 해하고 칼날로 성읍을 칠까 하노라 왕의 신하들이 왕께 이르되 우리 주 왕께서 하고자 하시는 대로 우리가 행하리이다 보소서 당신의 종들이니이다 하더라"(삼하 15:14~15)

자신의 죄와 압살롬의 패륜을 통곡하고 회개하며 기도했습니다.

"다윗이 감람 산 길로 올라갈 때에 그의 머리를 그가 가리고 맨발로 울며 가고 그와 함께 가는 모든 백성들도 각각 자기의 머리를 가리고 울며 올라가니라 어떤 사람이 다윗에게 알리되 압살롬과 함께 모반한 자들 가운데 아히도벨이 있나이다 하니 다윗이 이르되 여호와여 원하옵건대 아히도벨의 모략을 어리석게 하옵소서 하니라"(삼하 15:30~31)

하나님은?

첫째, 징계하시는 분입니다.

"이제 네가 나를 업신여기고 헷 사람 우리아의 아내를 빼앗아 네 아내로 삼았은즉 칼이 네 집에서 영원토록 떠나지 아니하리라 하셨고 여호와께서 또 이와 같이 이르시기를 보라 내가 너와 네 집에 재앙을 일으키고 내가 네 눈앞에서 네 아내를 빼앗아 네 이웃들에게 주리니 그 사람들이 네 아내들과 더불어 백주에 동침하리라 너는 은밀히 행하였으나 나는 온 이스라엘 앞에서 백주에 이 일을 행하리라 하셨나이다 하니"(삼하 12:10~12)

"왕이 나갈 때에 그의 가족을 다 따르게 하고 후궁 열 명을 왕이 남겨 두어 왕궁을 지키게 하니라"(삼하 15:16)

둘째, 긍휼을 베푸시는 분입니다.(삼하 15:17~37)

"왕이 나가매 모든 백성이 다 따라서 벧메르학에 이르러 멈추어 서니 그의 모든 신하들이 그의 곁으로 지나가고 모든 그렛 사람과 모든 블렛 사람과 및 왕을 따라 가드에서 온 모든 가드 사람 육백 명이 왕 앞으로 행진하니라"(삼하 15:17~18)

"잇대가 왕께 대답하여 이르되 여호와의 살아 계심과 내 주 왕의 살아 계심으로 맹세하옵나니 진실로 내 주 왕께서 어느 곳에 계시든지 사나 죽으나 종도 그 곳에 있겠나이다 하니"(삼하 15:21)

"온 땅 사람이 큰 소리로 울며 모든 백성이 앞서 건너가매 왕도 기드론 시내를 건너가니 건너간 모든 백성이 광야 길로 향하니라 보라 사독과 그와 함께 한 모든 레위 사람도 하나님의 언약궤를 메어다가 하나님의 궤를 내려놓고 아비아달도 올라와서 모든 백성이 성에서 나오기를 기다리도다"(삼하 15:23~24)

"다윗이 하나님을 경배하는 마루턱에 이를 때에 아렉 사람 후새가 옷을 찢고 흙을 머리에 덮어쓰고 다윗을 맞으러 온지라 다윗이 그에게 이르되 네가 만일 나와 함께 나아가면 내게 누를 끼치리라 그러나 네가 만일 성읍으로 돌아가서 압살롬에게 말하기를 왕이여 내가 왕의 종이니이다 전에는 내가 왕의 아버지의 종이었더니 이제는 내가 왕의 종이니이다 하면 네가 나를 위하여 아히도벨의 모략을 패하게 하리라"(삼하 15:32~34)

하나님의 "뗄레마"(선하시고 자유로우시고 기뻐하시는 뜻)는 변하지 않습니다.

"네 수한이 차서 네 조상들과 함께 누울 때에 내가 네 몸에서 날 네 씨를 네 뒤에 세워 그의 나라를 견고하게 하리라 그는 내 이름을 위하여 집을 건축할 것이요 나는 그의 나라 왕위를 영원히 견고하게 하리라"(삼하 7:12~13)

"아브라함과 다윗의 자손 예수 그리스도의 계보라"(마 1:1)

그러므로 성삼위 하나님의 은혜로 하나님 말씀에 순종하며 하나님을 영화롭게 하는 우리 모두가 되기를 기도합니다.

사무엘하 16장 1절

"다윗이 마루턱을 조금 지나니 므비보셋의 종 시바가 안장 지운 두 나귀에 떡 이백 개와 건포도 백 송이와 여름 과일 백 개와 포도주 한 가죽부대를 싣고 다윗을 맞는지라"(개역개정판)

"그리고 다윗이 그 꼭대기로부터 조금 지났다. 그런데 보라 므비보셋의 종 시바가 그를 맞으러 나왔다. 그리고 한 쌍의 나귀에 안장을 얹고 나서 그리고 그들 위에 빵 이백 개 그리고 건 포도 백 덩이 그리고 여름 과일 백 개 그리고 포도주 한 가죽 부대(를 싣고 왔다)"(원문 직역)

사무엘하 16장은 압살롬의 모반을 피해 도주하는 다윗 왕과 압살롬의 범죄를 기록하고 있습니다.

압살롬의 모반을 피해 도주하는 다윗 왕은?

첫째, 신중하지 못했습니다.(삼하 16:1~4)

"왕이 이르되 네 주인의 아들이 어디 있느냐 하니 시바가 왕께 아뢰되 예루살렘에 있는데 그가 말하기를 이스라엘 족속이 오늘 내 아버지의 나라를 내게 돌리리라 하나이다 하는지라 왕이 시바에게 이르되 므비보셋에게 있는 것이 다 네 것이니라 하니라 시바가 이르되 내가 절하나이다 내 주 왕이여 내가 왕 앞에서 은혜를 입게 하옵소서 하니라"(삼하 16:3~4)

"사울의 손자 므비보셋이 내려와 왕을 맞으니 그는 왕이 떠난 날부터 평안히 돌아오는 날까지 그의 발을 맵시 내지 아니하며 그의 수염을 깎지 아니하며 옷을 빨지 아니하였더라 예루살렘에서 와서 왕을 맞을 때에 왕이 그에게 물어 이르되 므비보셋이여 네가 어찌하여 나와 함께 가지 아니하였더냐 하니 대답하되 내 주 왕이

여 왕의 종인 나는 다리를 절므로 내 나귀에 안장을 지워 그 위에 타고 왕과 함께 가려 하였더니 내 종이 나를 속이고 종인 나를 내 주 왕께 모함하였나이다 내 주 왕께서는 하나님의 사자와 같으시니 왕의 처분대로 하옵소서"(삼하 19:24~27)

둘째, 하나님 징계를 달게 받았습니다.(삼하 16:5~11)

"왕이 이르되 스루야의 아들들아 내가 너희와 무슨 상관이 있느냐 그가 저주하는 것은 여호와께서 그에게 다윗을 저주하라 하심이니 네가 어찌 그리하였느냐 할 자가 누구겠느냐 하고 또 다윗이 아비새와 모든 신하들에게 이르되 내 몸에서 난 아들도 내 생명을 해하려 하거든 하물며 이 베냐민 사람이랴 여호와께서 그에게 명령하신 것이니 그가 저주하게 버려두라"(삼하 16:10`11)

셋째, "이르에 아도나이"(돌보시는 여호와)을 믿었습니다.

"혹시 여호와께서 나의 원통함을 감찰하시리니 오늘 그 저주 때문에 여호와께서 선으로 내게 갚아 주시리라 하고"(삼하 16:12)

"이르에 아도나이"(돌보시는 여호와)의 성호는?

"천지의 대주재로 영원히 존재하시며 스스로 낮아지셔서 당신의 나라와 교회와 백성들과 거룩한 언약을 맺으시고 그 맺으신 언약을 이루시기 위하여 돌보시고 필요한 모든 것들을 준비하시는 분" 이라는 뜻입니다.

압살롬은 다윗에게 원한이 가득한 다윗의 모사인 아히도벨의 책략을 따라 천인공노할 범죄를 저지릅니다.(삼하 16:15~23)

"마아가 사람의 손자 아하스배의 아들 엘리벨렛과 길로 사람 아히도벨의 아들 엘리암과"(삼하 23:34)

"다윗이 사람을 보내 그 여인을 알아보게 하였더니 그가 아뢰되 그는 엘리암의 딸이요 헷 사람 우리아의 아내 밧세바가 아니니이까 하니"(삼하 11:3)

"아히도벨이 압살롬에게 이르되 왕의 아버지가 남겨 두어 왕궁을 지키게 한 후궁들과 더불어 동침하소서 그리하면 왕께서 왕의 아버지가 미워하는 바 됨을 온 이스라엘이 들으리니 왕과 함께 있는 모든 사람의 힘이 더욱 강하여지리이다 하니라 이에 사람들이 압살롬을 위하여 옥상에 장막을 치니 압살롬이 온 이스라엘 무리의 눈앞에서 그 아버지의 후궁들과 더불어 동침하니라"(삼하 16:21~22)

다윗 왕은 회복되지만 압살롬은 비참하게 최후를 맺습니다.

"요압이 이르되 나는 너와 같이 지체할 수 없다 하고 손에 작은 창 셋을 가지고 가서 상수리나무 가운데서 아직 살아 있는 압살롬의 심장을 찌르니 요압의 무기를 든 청년 열 명이 압살롬을 에워싸고 쳐죽이니라"(삼하 18:14~15)

그러므로 성삼위 하나님의 은혜로 그리스도인의 바른 위치에서 살아가며 하나님을 영화롭게 하는 우리 모두가 되기를 기도합니다.

사무엘하 17장 1절

"아히도벨이 또 압살롬에게 이르되 이제 내가 사람 만 이천 명을 택하게 하소서 오늘 밤에 내가 일어나서 다윗의 뒤를 추적하여"(개역개정판)

"그리고 아히도벨이 압살롬에게 말하였다. 제발 내가 사람 만 이 천명을 택하게 하십시오. 그리고 내가 일어나게 하십시오. 그리고 이 밤에 다윗의 뒤를 추격하게 해 주십시오"(원문직역)

사무엘하 17장은 압살롬에게 조언하는 아히도벨과 후새의 계략과 하나님의 섭리와 다윗 왕이 무사하게 요단강을 건너 마하나임에 도착하는 내용의 말씀입니다.

다윗 왕은 과거의 군사 이히도벨로 인해 위기 상황에 빠집니다.

"아히도벨이 또 압살롬에게 이르되 이제 내가 사람 만 이천 명을 택하게 하소서 오늘 밤에 내가 일어나서 다윗의 뒤를 추적하여 그가 곤하고 힘이 빠졌을 때에 기습하여 그를 무섭게 하면 그와 함께 있는 모든 백성이 도망하리니 내가 다윗 왕만 쳐죽이고 모든 백성이 당신께 돌아오게 하리니 모든 사람이 돌아오기는 왕이 찾는 이 사람에게 달렸음이라 그리하면 모든 백성이 평안하리이다 하니 압살롬과 이스라엘 장로들이 다 그 말을 옳게 여기더라"(삼하 17:1~4)

언약을 신실하게 이행하시는 하나님은?

첫째, 섭리(보존과 통치) 하시는 분입니다.(삼하 17:5~23)

"압살롬이 이르되 아렉 사람 후새도 부르라 우리가 이제 그의 말도 듣자 하니

라"(삼하 17:5)

"압살롬과 온 이스라엘 사람들이 이르되 아렉 사람 후새의 계략은 아히도벨의 계략보다 낫다 하니 이는 여호와께서 압살롬에게 화를 내리려 하사 아히도벨의 좋은 계략을 물리치라고 명령하셨음이더라"(삼하 17:14)

"한 청년이 그들을 보고 압살롬에게 알린지라 그 두 사람이 빨리 달려서 바후림 어떤 사람의 집으로 들어가서 그의 뜰에 있는 우물 속으로 내려가니 그 집 여인이 덮을 것을 가져다가 우물 아귀를 덮고 찧은 곡식을 그 위에 널매 전혀 알지 못하더라"(삼하 17:18~19)

"아히도벨이 자기 계략이 시행되지 못함을 보고 나귀에 안장을 지우고 일어나 고향으로 돌아가 자기 집에 이르러 집을 정리하고 스스로 목매어 죽으매 그의 조상의 묘에 장사되니라"(삼하 17:23)

둘째, 고난 가운데에도 은혜를 베풀어 주시는 분입니다.

"다윗이 마하나임에 이르렀을 때에 암몬 족속에게 속한 랍바 사람 나하스의 아들 소비와 로데발 사람 암미엘의 아들 마길과 로글림 길르앗 사람 바르실래가 침상과 대야와 질그릇과 밀과 보리와 밀가루와 볶은 곡식과 콩과 팥과 볶은 녹두와 꿀과 버터와 양과 치즈를 가져다가 다윗과 그와 함께한 백성에게 먹게 하였으니 이는 그들 생각에 백성이 들에서 시장하고 곤하고 목마르겠다 함이더라"(삼하 17:27~29)

하나님께서 그리스도인들에게 부성적 사랑과 따뜻한 공의로 징계하시는 이유는 선한 열매를 맺게 하시기 위함입니다.

"무릇 징계가 당시에는 즐거워 보이지 않고 슬퍼 보이니 후에 그로 말미암아 연단 받은 자들은 의와 평강의 열매를 맺느니라 그러므로 피곤한 손과 연약한 무릎을 일으켜 세우고 너희 발을 위하여 곧은 길을 만들어 저는 다리로 하여금 어그러지지 않고 고침을 받게 하라"(히 12:11~13)

그러므로 성삼위 하나님의 은혜로 부성적 사랑과 따뜻한 공의로 징계하시는 하나님을 사랑하며 하나님을 영화롭게 하는 우리 모두가 되기를 기도합니다.

사무엘하 18장 1절

"이에 다윗이 그와 함께 한 백성을 찾아가서 천부장과 백부장을 그들 위에 세우고"(개역개정판)

"그리고 다윗이 그와 함께 한 그 백성을 세었다. 그리고 그가 그들 위에 천부장들과 백부장들을 세웠다"(원문직역)

사무엘하 18장은 다윗 왕의 군대와 압살롬의 군대가 요단강 동편 마하나임 근처에 위치한 에브라임 숲속의 전투에서 압살롬 군대가 패하고 압살롬이 죽고 다윗 왕이 압살롬 때문에 비통해 하는 내용의 말씀입니다.

반란군 압살롬 군대에서 승리한 다윗 왕은?

첫째, 전쟁에 능한 왕이었습니다.

"이에 다윗이 그와 함께 한 백성을 찾아가서 천부장과 백부장을 그들 위에 세우고 다윗이 그의 백성을 내보낼새 삼분의 일은 요압의 휘하에, 삼분의 일은 스루야의 아들 요압의 동생 아비새의 휘하에 넘기고 삼분의 일은 가드 사람 잇대의 휘하에 넘기고 왕이 백성에게 이르되 나도 반드시 너희와 함께 나가리라 하니"(삼하 18:1~2)

둘째, 백성들에게 사랑받는 왕이었습니다.

"백성들이 이르되 왕은 나가지 마소서 우리가 도망할지라도 그들은 우리에게 마음을 쓰지 아니할 터이요 우리가 절반이나 죽을지라도 우리에게 마음을 쓰지 아니할 터이라 왕은 우리 만 명보다 중하시오니 왕은 성읍에 계시다가 우리를 도우심이 좋으니이다 하니라"(삼하 18:3)

셋째, 긍휼의 사람이었습니다.(삼하 18:5, 9~32)

"왕이 요압과 아비새와 잇대에게 명령하여 이르되 나를 위하여 젊은 압살롬을 너그러이 대우하라 하니 왕이 압살롬을 위하여 모든 군지휘관에게 명령할 때에 백성들이 다 들으니라"(삼하 18:5)

"왕이 이르되 젊은 압살롬은 잘 있느냐 하니라 아히마아스가 대답하되 요압이 왕의 종 나를 보낼 때에 크게 소동하는 것을 보았사오나 무슨 일인지 알지 못하였나이다 하니"(삼하 18:29)

넷째, 군사들을 잘 훈련시킨 왕이었습니다.

"이에 백성이 이스라엘을 치러 들로 나가서 에브라임 수풀에서 싸우더니 거기서 이스라엘 백성이 다윗의 부하들에게 패하매 그 날 그 곳에서 전사자가 많아 이만 명에 이르렀고 그 땅에서 사면으로 퍼져 싸웠으므로 그 날에 수풀에서 죽은 자가 칼에 죽은 자보다 많았더라"(삼하 18:6~8)

다섯째, 자신의 죄의 결과를 애통하는 사람이었습니다.

"왕의 마음이 심히 아파 문 위층으로 올라가서 우니라 그가 올라갈 때에 말하기를 내 아들 압살롬아 내 아들 내 아들 압살롬아 차라리 내가 너를 대신하여 죽었더면, 압살롬 내 아들아 내 아들아 하였더라"(삼하 18:33)

"이제 네가 나를 업신여기고 헷 사람 우리아의 아내를 빼앗아 네 아내로 삼았은즉 칼이 네 집에서 영원토록 떠나지 아니하리라 하셨고 여호와께서 또 이와 같이 이르시기를 보라 내가 너와 네 집에 재앙을 일으키고 내가 네 눈앞에서 네 아내를 빼앗아 네 이웃들에게 주리니 그 사람들이 네 아내들과 더불어 백주에 동침하리라 너는 은밀히 행하였으나 나는 온 이스라엘 앞에서 백주에 이 일을 행하리라 하셨나이다 하니"(삼하 12:10~12)

옛사람인 육체의 소욕과 죄의 부패성과 죄의 오염성이 그리스도인들의 인생을 아프게 합니다.

"육신의 생각은 하나님과 원수가 되나니 이는 하나님의 법에 굴복하지 아니할 뿐 아니라 할 수도 없음이라 육신에 있는 자들은 하나님을 기쁘시게 할 수 없느니라"(롬 8:7~8)

"만일 우리가 범죄하지 아니하였다 하면 하나님을 거짓말하는 이로 만드는 것이니 또한 그의 말씀이 우리 속에 있지 아니하니라"(요일 1:10)

그러므로 성삼위 하나님의 은혜로 날마다 우리들의 옛사람을 십자가에 못 박으며 하나님을 영화롭게 하는 우리 모두가 되기를 기도합니다.

사무엘하 19장 1절

"어떤 사람이 요압에게 아뢰되 왕이 압살롬을 위하여 울며 슬퍼하시나이다 하니"(개역개정판)

"그리고 어떤 사람이 요압에게 말하여 졌다. 보라 그 왕이 울고 있다. 그리고 그가 압살롬을 위해 슬퍼하고 있다"(원문직역)

사무엘하 19장은 다윗 왕의 압살롬 죽음에 대한 슬픔과 예루살렘으로 귀환하는 내용의 말씀입니다.

예수 그리스도의 대속 사역으로 구원 받은 그리스도인들은?

첫째, 애통하는 사람들입니다.(삼하 19:1~4)

"왕이 그의 얼굴을 가리고 큰 소리로 부르되 내 아들 압살롬아 압살롬아 내 아들아 내 아들아 하니"(삼하 19:4)

둘째, 합리적 당위성으로 충고 하는 사람들입니다.(삼하 19:5~7)

"이는 왕께서 미워하는 자는 사랑하시며 사랑하는 자는 미워하시고 오늘 지휘관들과 부하들을 멸시하심을 나타내심이라 오늘 내가 깨달으니 만일 압살롬이 살고 오늘 우리가 다 죽었더면 왕이 마땅히 여기실 뻔하였나이다"(삼하 19:6)

셋째, 충고를 받아들이는 사람들입니다.

"왕이 일어나 성문에 앉으매 어떤 사람이 모든 백성에게 말하되 왕이 문에 앉아 계신다 하니 모든 백성이 왕 앞으로 나아오니라 이스라엘은 이미 각기 장막으로 도

망하였더라"(삼하 19:8)

넷째, 용서하며 설득하는 사람들입니다.(삼하 19:11~15)

"너희는 내 형제요 내 골육이거늘 너희는 어찌하여 왕을 도로 모셔오는 일에 나중이 되리요 하셨다 하고 너희는 또 아마사에게 이르기를 너는 내 골육이 아니냐 네가 요압을 이어서 항상 내 앞에서 지휘관이 되지 아니하면 하나님이 내게 벌 위에 벌을 내리시기를 바라노라 하셨다 하라 하여 모든 유다 사람들의 마음을 하나 같이 기울게 하매 그들이 왕께 전갈을 보내어 이르되 당신께서는 모든 부하들과 더불어 돌아오소서 한지라"(삼하 19:12~14)

다섯째, 아첨하는 사람들이 아닙니다.(삼하 19:16~20)

"바후림에 있는 베냐민 사람 게라의 아들 시므이가 급히 유다 사람과 함께 다윗 왕을 맞으러 내려올 때에 베냐민 사람 천 명이 그와 함께 하고 사울 집안의 종 시바도 그의 아들 열다섯과 종 스무 명과 더불어 그와 함께 하여 요단 강을 밟고 건너왕 앞으로 나아오니라"(삼하 19:16~17)

여섯째, 극단적 사람들이 아닙니다.(삼하 19:21~23)

"스루야의 아들 아비새가 대답하여 이르되 시므이가 여호와의 기름 부으신 자를 저주하였으니 그로 말미암아 죽어야 마땅하지 아니하니이까 하니라 다윗이 이르되 스루야의 아들들아 내가 너희와 무슨 상관이 있기에 너희가 오늘 나의 원수가 되느냐 오늘 어찌하여 이스라엘 가운데에서 사람을 죽이겠느냐 내가 오늘 이스라엘의 왕이 된 것을 내가 알지 못하리요 하고"(삼하 19:21~22)

일곱째, 예수 그리스도의 고난에 동참하는 사람들입니다.(삼하 19:24~30)

"사울의 손자 므비보셋이 내려와 왕을 맞으니 그는 왕이 떠난 날부터 평안히 돌아오는 날까지 그의 발을 맵시 내지 아니하며 그의 수염을 깎지 아니하며 옷을 빨지 아니하였더라"(삼하 19:24)

다윗 왕은 예수 그리스도를 표상하는 왕입니다.

여덟째, 예수 그리스도에게 끝까지 헌신하는 사람들입니다.(삼하 19:31~39)

"길르앗 사람 바르실래가 왕이 요단을 건너가게 하려고 로글림에서 내려와 함께 요단에 이르니 바르실래는 매우 늙어 나이가 팔십 세라 그는 큰 부자이므로 왕이 마하나임에 머물 때에 그가 왕을 공궤하였더라"(삼하 19:31~32)

아홉째, 교회에서 당을 지어 세력 다툼하는 사람들이 아닙니다.(삼하 19:9~10, 40~43)

"우리가 기름을 부어 우리를 다스리게 한 압살롬은 싸움에서 죽었거늘 이제 너희가 어찌하여 왕을 도로 모셔 올 일에 잠잠하고 있느냐 하니라"(삼하 19:10)
"이스라엘 사람이 유다 사람에게 대답하여 이르되 우리는 왕에 대하여 열 몫을 가졌으니 다윗에게 대하여 너희보다 더욱 관계가 있거늘 너희가 어찌 우리를 멸시하여 우리 왕을 모셔 오는 일에 먼저 우리와 의논하지 아니하였느냐 하나 유다 사람의 말이 이스라엘 사람의 말보다 더 강경하였더라"(삼하 19:43)

그리스도인들은 교회 머리되신 예수 그리스도께서 세우신 치리회(당회, 노회, 총회)에 순종하는 사람들입니다.

"또 만물을 그의 발 아래에 복종하게 하시고 그를 만물 위에 교회의 머리로 삼으셨느니라 교회는 그의 몸이니 만물 안에서 만물을 충만하게 하시는 이의 충만함이니라"(엡 1:22~23)

교회 머리되신 예수 그리스도께서 세우신 교회 질서에 순종할 때 교회는 계시의 기관과 은혜의 기관이 될 수 있습니다.

그러므로 성삼위 하나님의 은혜로 그리스도인의 바른 위치에서 살아가며 하나님을 영화롭게 하는 우리 모두가 되기를 기도합니다.

사무엘하 20장 1절

"마침 거기에 불량배 하나가 있으니 그의 이름은 세바인데 베냐민 사람 비그리의 아들이었더라 그가 나팔을 불며 이르되 우리는 다윗과 나눌 분깃이 없으며 이새의 아들에게서 받을 유산이 우리에게 없도다 이스라엘아 각각 장막으로 돌아가라 하매"(개역개정판)

"그리고 거기에 가치없고 쓸모없는 한 사람이 있었다. 그리고 그의 이름은 베냐민 사람 비그리의 아들 세바(였다). 그리고 그가 뿔나팔을 불었다. 그리고 그가 말했다. 다윗 안에 우리를 위한 몫이 없다. 그리고 이새의 아들 안에 우리를 위한 기업이 없다. 이스라엘아 각 사람은 자기의 장막으로(돌아가라)"(원문직역)

사무엘하 20장은 "벨리야알"(가치없고 사악하고 불 신앙을 가진 자)인 배교자 세바의 난을 기록하고 있습니다.

사무엘하 20장에는 부담스러운 두 사람이 나옵니다.

첫번째, 사람은 배교자 세바입니다.

배교자 세바의 말은 이스라엘이 남북으로 갈라질 때 북이스라엘의 표어처럼 되었습니다.

"온 이스라엘이 자기들의 말을 왕이 듣지 아니함을 보고 왕에게 대답하여 이르되 우리가 다윗과 무슨 관계가 있느냐 이새의 아들에게서 받을 유산이 없도다 이스라엘아 너희의 장막으로 돌아가라 다윗이여 이제 너는 네 집이나 돌아보라 하고

이스라엘이 그 장막으로 돌아가니라"(왕상 12:16)

"온 이스라엘은 왕이 자기들의 말을 듣지 아니함을 보고 왕에게 대답하여 이르되 우리가 다윗과 무슨 관계가 있느냐 이새의 아들에게서 받을 유산이 없도다 이스라엘아 각각 너희의 장막으로 돌아가라 다윗이여 이제 너는 네 집이나 돌보라 하고 온 이스라엘이 그들의 장막으로 돌아가니라"(대하 10:16)

세바는 이스라엘 백성들을 선동했습니다.

"이에 온 이스라엘 사람들이 다윗 따르기를 그치고 올라가 비그리의 아들 세바를 따르나 유다 사람들은 그들의 왕과 합하여 요단에서 예루살렘까지 따르니라"(삼하 20:2)

배교자 세바는 비참한 최후를 맞이했습니다.(삼하 20:14~22)

"요압이 대답하여 이르되 결단코 그렇지 아니하다 결단코 그렇지 아니하다 삼키거나 멸하거나 하려 함이 아니니 그 일이 그러한 것이 아니니라 에브라임 산지 사람 비그리의 아들 그의 이름을 세바라 하는 자가 손을 들어 왕 다윗을 대적하였나니 너희가 그만 내주면 내가 이 성벽에서 떠나가리라 하니라 여인이 요압에게 이르되 그의 머리를 성벽에서 당신에게 내어 던지리이다 하고 이에 여인이 그의 지혜를 가지고 모든 백성에게 나아가매 그들이 비그리의 아들 세바의 머리를 베어 요압에게 던진지라 이에 요압이 나팔을 불매 무리가 흩어져 성읍에서 물러나 각기 장막으로 돌아가고 요압은 예루살렘으로 돌아와 왕에게 나아가니라"(삼하 20:20~22)

두번째 사람은 요압입니다.

요압은 전쟁 중에 자신의 동생 아사헬을 죽인 공인 아브넬을 사적 원한으로 죽이고 다윗 왕의 간곡한 부탁에도 압살롬을 죽이고 권력에 눈이 멀어 아마사를 비열하게 죽입니다.

"기브온 큰 바위 곁에 이르매 아마사가 맞으러 오니 그 때에 요압이 군복을 입고 띠를 띠고 칼집에 꽂은 칼을 허리에 맸는데 그가 나아갈 때에 칼이 빠져 떨어졌더라 요압이 아마사에게 이르되 내 형은 평안하냐 하며 오른손으로 아마사의 수염을 잡고 그와 입을 맞추려는 체하매 아마사가 요압의 손에 있는 칼은 주의하지 아니한지라 요압이 칼로 그의 배를 찌르매 그의 창자가 땅에 쏟아지니 그를 다시 치지 아니하여도 죽으니라 요압과 그의 동생 아비새가 비그리의 아들 세바를 뒤쫓을새"(삼하 20:7~10)

정권 야욕에 눈이 멀은 요압이 아도니야의 난에 가담되어 비참한 최후를 맞이했습니다.

"브나야가 여호와의 장막에 이르러 그에게 이르되 왕께서 나오라 하시느니라 그가 대답하되 아니라 내가 여기서 죽겠노라 브나야가 돌아가서 왕께 아뢰어 이르되 요압이 이리이리 내게 대답하더이다 왕이 이르되 그의 말과 같이 하여 그를 죽여 묻으라 요압이 까닭 없이 흘린 피를 나와 내 아버지의 집에서 네가 제하리라 여호와께서 요압의 피를 그의 머리로 돌려보내실 것은 그가 자기보다 의롭고 선한 두 사람을 쳤음이니 곧 이스라엘 군사령관 넬의 아들 아브넬과 유다 군사령관 예델의 아들 아마사를 칼로 죽였음이라 이 일을 내 아버지 다윗은 알지 못하셨나니 그들의 피는 영영히 요압의 머리와 그의 자손의 머리로 돌아갈지라도 다윗과 그의 자손과 그의 집과 그의 왕위에는 여호와께로 말미암는 평강이 영원히 있으리라 여호야다의 아들 브나야가 곧 올라가서 그를 쳐죽이매 그가 광야에 있는 자기의 집에 매장되니라"(왕상 2:30~34)

그리스도인들은 날마다 자신의 옛 사람을 십자가에 못박아야 합니다.

특히 "에고"와 "egoism"이라 부르는 오만한 자아를 십자가에 못박아야 합니다.

오만한 자아는 자기중심적이고 이기적이고 권위적이고 독선적이고 위선적이고 편견적이고 위협적이고 파괴적이고 폭력적이고 제왕적입니다.

"형제들아 내가 그리스도 예수 우리 주 안에서 가진바 너희에 대한 나의 자랑을 두

고 단언하노니 나는 날마다 죽노라"(고전 15:31)

그러므로 성삼위 하나님의 은혜로 날마다 우리의 옛 사람을 십자가에 못 박고 하나님 형상을 회복하며 하나님을 영화롭게 하는 우리 모두가 되기를 기도합니다.

사무엘하 21장 15절

"블레셋 사람이 다시 이스라엘을 치거늘 다윗이 그의 부하들과 함께 내려가서 블레셋 사람과 싸우더니 다윗이 피곤하매"(개역개정판)

"그리고 다시 블레셋 사람들과 이스라엘 사이에 전쟁이 있었다. 그리고 다윗이 그의 신하들과 함께 내려갔다. 그리고 그들이 블레셋 사람들과 전쟁하였다. 그리고 다윗이 지쳤다"(원문직역)

사무엘하 21장은 사울 왕이 여호와의 이름으로 맹세한 언약을 어기고 기브온 사람들을 학살한 대가로 사울왕의 후손 일곱 명을 처형하고 블레셋 족속들과의 전쟁을 기록하고 있습니다.

예수 그리스도의 대속 사역 은총으로 구원받은 그리스도인들은?

첫째, 하나님 이름을 망령되게 하지 않는 사람들입니다.

"다윗의 시대에 해를 거듭하여 삼 년 기근이 있으므로 다윗이 여호와 앞에 간구하매 여호와께서 이르시되 이는 사울과 피를 흘린 그의 집으로 말미암음이니 그가 기브온 사람을 죽였음이니라 하시니라"(삼하 21:1)

"여호수아가 곧 그들과 화친하여 그들을 살리리라는 조약을 맺고 회중 족장들이 그들에게 맹세하였더라"(수 9:15)

"그러나 회중 족장들이 이스라엘의 하나님 여호와로 그들에게 맹세했기 때문에 이스라엘 자손이 그들을 치지 못한지라 그러므로 회중이 다 족장들을 원망하니 모든 족장이 온 회중에게 이르되 우리가 이스라엘의 하나님 여호와로 그들에게 맹세하였은즉 이제 그들을 건드리지 못하리라"(수 9:18~19)

"너는 네 하나님 여호와의 이름을 망령되게 부르지 말라 여호와는 그의 이름을 망

령되게 부르는 자를 죄 없다 하지 아니하리라"(출 20:7)

둘째, 민족주의자가 아닙니다.

"기브온 사람은 이스라엘 족속이 아니요 그들은 아모리 사람 중에서 남은 자라 이스라엘 족속들이 전에 그들에게 맹세하였거늘 사울이 이스라엘과 유다 족속을 위하여 열심이 있으므로 그들을 죽이고자 하였더라 이에 왕이 기브온 사람을 불러 그들에게 물으니라"(삼하 21:2)

셋째, 생명 얻는 회개의 은총 가운데 사는 사람들입니다.(삼하 21:3~6)

"그들이 왕께 아뢰되 우리를 학살하였고 또 우리를 멸하여 이스라엘 영토 내에 머물지 못하게 하려고 모해한 사람의 자손 일곱 사람을 우리에게 내주소서 여호와께서 택하신 사울의 고을 기브아에서 우리가 그들을 여호와 앞에서 목 매어 달겠나이다 하니 왕이 이르되 내가 내주리라 하니라"(삼하 21:5~6)

넷째, 하나님과 맺은 언약과 공의를 소중하게 여기는 사람들입니다.(삼하 21:7~9)

"그들을 기브온 사람의 손에 넘기니 기브온 사람이 그들을 산 위에서 여호와 앞에 목 매어 달매 그들 일곱 사람이 동시에 죽으니 죽은 때는 곡식 베는 첫날 곧 보리를 베기 시작하는 때더라"(삼하 21:9)

다섯째, 긍휼을 베푸는 사람들입니다.(삼하 21:10~14)

"사울과 그의 아들 요나단의 뼈와 함께 베냐민 땅 셀라에서 그의 아버지 기스의 묘에 장사하되 무두 왕의 명령을 따라 행하니라 그 후에야 하나님이 그 땅을 위한 기도를 들으시니라"(삼하 21:14)

여섯째, 믿음으로 영적 전쟁에서 승리하는 사람들입니다.(삼하 21:15~22)

"그 후에 다시 블레셋 사람과 곱에서 전쟁할 때에 후사 사람 십브개는 거인족의 아들 중의 삽을 쳐죽였고 또 다시 블레셋 사람과 곱에서 전쟁할 때에 베들레헴 사람

야레오르김의 아들 엘하난은 가드 골리앗의 아우 라흐미를 죽였는데 그 자의 창 자루는 베틀 채 같았더라"(삼하 21:18~19)

그리스도인은 하나님의 이름을 거룩하게 높이는 사람들입니다.

"그러므로 너희는 이렇게 기도하라 하늘에 계신 우리 아버지여 이름이 거룩히 여김을 받으시오며"(마 6:9)

그러므로 성삼위 하나님의 은혜로 하나님의 이름을 높이며 하나님을 영화롭게 하는 우리 모두가 되기를 기도합니다.

사무엘하 22장 1절

"여호와께서 다윗을 모든 원수의 손과 사울의 손에서 구원하신 그 날에 다윗이 이 노래의 말씀으로 여호와께 아뢰어"(개역개정판)

"그리고 다윗이 여호와께 이 노래 말들을 말하였다. 여호와께서 그의 모든 원수의 손으로부터 그리고 사울의 손으로부터 구해 내셨던 날에"(원문직역)

사무엘하 22장은 하나님께서 사울의 손과 모든 대적들의 손으로부터 구원해 주신 구원을 다윗 왕이 경험한 이후 찬송시를 지어 하나님께 영광 드리는 말씀입니다.

구원의 은총을 찬양하는 다윗 왕은?

첫째, 하나님만 믿는 사람입니다.(삼하 22:1~4)

"이르되 여호와는 나의 반석이시요 나의 요새시요 나를 위하여 나를 건지시는 자시요 내가 피할 나의 반석의 하나님이시요 나의 방패시요 나의 구원의 뿔이시요 나의 높은 망대시요 그에게 피할 나의 피난처시요 나의 구원자시라 나를 폭력에서 구원하셨도다"(삼하 22:2~3)

둘째, 기도하는 사람입니다.(삼하 22:5~18)

"내가 환난 중에서 여호와께 아뢰며 나의 하나님께 아뢰었더니 그가 그의 성전에서 내 소리를 들으심이여 나의 부르짖음이 그의 귀에 들렸도다 이에 땅이 진동하고 떨며 하늘의 기초가 요동하고 흔들렸으니 그의 진노로 말미암음이로다"(삼하 22:7~8)

셋째, 하나님만 의지하는 사람입니다.

"그들이 나의 재앙의 날에 내게 이르렀으나 여호와께서 나의 의지가 되셨도다 나를 또 넓은 곳으로 인도하시고 나를 기뻐하시므로 구원하셨도다"(삼하 22:19~20)

넷째, 말씀 따라 사는 사람입니다.(삼하 22:21~31)

"이는 내가 여호와의 도를 지키고 악을 행함으로 내 하나님을 떠나지 아니하였으며 그의 모든 법도를 내 앞에 두고 그의 규례를 버리지 아니하였음이로다"(삼하 22:22~23)

"하나님의 도는 완전하고 여호와의 말씀은 진실하니 그는 자기에게 피하는 모든 자에게 방패시로다"(삼하 22:31)

다섯째, 하나님 은혜로 사는 사람입니다.(삼상 22:32~37)

"나의 발로 암사슴 발 같게 하시며 나를 나의 높은 곳에 세우시며 내 손을 가르쳐 싸우게 하시니 내 팔이 놋 활을 당기도다 주께서 또 주의 구원의 방패를 내게 주시며 주의 온유함이 나를 크게 하셨나이다"(삼하 22:34~36)

여섯째, 영적 전쟁에서 승리한 사람입니다.(삼하 22:38~49)

"내가 그들을 땅의 티끌 같이 부스러뜨리고 거리의 진흙 같이 밟아 헤쳤나이다 주께서 또 나를 내 백성의 다툼에서 건지시고 나를 보전하사 모든 민족의 으뜸으로 삼으셨으니 내가 알지 못하는 백성이 나를 섬기리이다"(삼하 22:43~44)

일곱째, 예수 그리스도로 인해 기뻐하고 즐거워한 사람입니다.

"여호와께서 그의 왕에게 큰 구원을 주시며 기름 부음 받은 자에게 인자를 베푸심이여 영원하도록 다윗과 그 후손에게로다 하였더라"(삼하 22:51)

다윗 왕은 예수 그리스도의 품 안에서 하나님께서 주신 구원의 은총을 경험하고 찬양으로 영광돌린 사람입니다.

"이는 그가 사랑하시는 자 안에서 우리에게 거저 주시는 바 그의 은혜의 영광을 찬송하게 하려는 것이라"(엡 1:6)

그러므로 성삼위 하나님의 은혜로 구원의 은총을 찬양하며 하나님을 영화롭게 하는 우리 모두가 되기를 기도합니다.

사무엘하 23장 5절

"내 집이 하나님 앞에 이같지 아니하냐 하나님이 나와 더불어 영원한 언약을 세우사 만사에 구비하고 견고하게 하셨으니 나의 모든 구원과 나의 모든 소원을 어찌 이루지 아니하시랴"(개역개정판)

"참으로 내 집이 하나님과 함께 그렇지 아니한가? 왜냐하면 영원한 언약을 그가 나에게 두었다. 모든 것을 갖추어지게 하셨다. 그리고 지켜지게 하셨다. 참으로 나의 모든 구원 그리고 모든 소원을 참으로 그가 자라게 하지 않으시겠는가?"(원문직역)

사무엘하 23장은 성령님께서 다윗을 가지시고 예수 그리스도께서 다스리는 하나님 나라에 대한 말씀과 예수 그리스도를 예표하는 다윗 왕에게 주신 용사들에 대한 말씀입니다.

하나님 나라를 찬양하는 다윗은?

첫째, 성령님의 다스림을 받는 사람입니다.

"이는 다윗의 마지막 말이라 이새의 아들 다윗이 말함이여 높이 세워진 자, 야곱의 하나님께로부터 기름 부음 받은 자, 이스라엘의 노래 잘 하는 자가 말하노라 여호와의 영이 나를 통하여 말씀하심이여 그의 말씀이 내 혀에 있도다"(삼하 23:1~2)

둘째, 예수 그리스도를 찬양하는 사람입니다.

"이스라엘의 하나님이 말씀하시며 이스라엘의 반석이 내게 이르시기를 사람을 공의로 다스리는 자, 하나님을 경외함으로 다스리는 자여 그는 돋는 해의 아침 빛

같고 구름 없는 아침 같고 비 내린 후의 광선으로 땅에서 움이 돋는 새 풀 같으니라 하시도다"(삼하 23:3~4)

"내 이름을 경외하는 너희에게는 공의로운 해가 떠올라서 치료하는 광선을 비추리니 너희가 나가서 외양간에서 나온 송아지 같이 뛰리라"(말 4:2)

셋째, 하나님께서 스스로 낮아지셔서 맺으신 그 언약이 예수 그리스도로 성취됨을 믿은 사람입니다.

"내 집이 하나님 앞에 이 같지 아니하냐 하나님이 나와 더불어 영원한 언약을 세우사 만사에 구비하고 견고하게 하셨으니 나의 모든 구원과 나의 모든 소원을 어찌 이루지 아니하시랴"(삼하 23:5)

"네 수한이 차서 네 조상들과 함께 누울 때에 내가 네 몸에서 날 네 씨를 네 뒤에 세워 그의 나라를 견고하게 하리라 그는 내 이름을 위하여 집을 건축할 것이요 나는 그의 나라 왕위를 영원히 견고하게 하리라 나는 그에게 아버지가 되고 그는 내게 아들이 되리니"(삼하 7:12~14상)

넷째, 하나님 나라와 예수 그리스도의 몸 된 교회와 예수 그리스도를 고의적으로 거부하고 미워하는 자들에게 임할 심판을 선포한 사람입니다.

"그러나 사악한 자는 다 내버려질 가시나무 같으니 이는 손으로 잡을 수 없음이로다 그것들을 만지는 자는 철과 창자루를 가져야 하리니 그것들이 당장에 불살리리로다 하니라"(삼하 23:6~7)

다섯째, 하나님 나라를 건설하는 그리스도의 군사들을 선물로 받은 사람입니다.(삼하 23:8~39)

"다윗의 용사들의 이름은 이러하니라 다그몬 사람 요셉밧세벳이라고도 하고 에센 사람 아디노라고도 하는 자는 군지휘관의 두목이라 그가 단번에 팔백 명을 쳐죽였더라"(삼하 23:8)

"헷 사람 우리아라 이상 총수가 삼십칠 명이었더라"(삼하 23:39)

여섯째, 더불어 함께 지어져가는 지체들을 소중하게 여긴 사람입니다.

"다윗이 소원하여 이르되 베들레헴 성문 곁 우물 물을 누가 내게 마시게 할까 하매 세 용사가 블레셋 사람의 진영을 돌파하고 지나가서 베들레헴 성문 곁 우물 물을 길어 가지고 다윗에게로 왔으나 다윗이 마시기를 기뻐하지 아니하고 그 물을 여호와께 부어 드리며 이르되 여호와여 내가 나를 위하여 결단코 이런 일을 하지 아니하리이다 이는 목숨을 걸고 갔던 사람들의 피가 아니니이까 하고 마시기를 즐겨하지 아니하니라 세 용사가 이런 일을 행하였더라"(삼하 23:15~17)

그리스도인들은 예수 그리스도의 품 안에서 예수 그리스도께서 건설하신 하나님 나라를 확장하는 그리스도의 군사들입니다.

"너는 그리스도 예수의 좋은 병사로 나와 함께 고난을 받으라 병사로 복무하는 자는 자기 생활에 얽매이는 자가 하나도 없나니 이는 병사로 모집한 자를 기쁘게 하려 함이라"(딤후 2:3~4)

그러므로 성삼위 하나님의 은혜로 그리스도의 군사의 사명을 끝까지 감당하며 하나님을 영화롭게 하는 우리 모두가 되기를 기도합니다.

사무엘하 24장 1절

"여호와께서 다시 이스라엘을 향하여 진노하사 그들을 치시려고 다윗을 격동시키사 가서 이스라엘과 유다의 인구를 조사하라 하신지라"(개역개정판)

"그리고 여호와의 노여움이 이스라엘에게 불타오르기를 더 하였다. 그리고 그가 다윗을 부추기셨다. 그들에 대해 말하기를 가라 너는 세어라. 이스라엘을 그리고 유다를"(원문직역)

사무엘하 24장은 다윗 왕의 인구 조사와 하나님의 징계인 역병과 회복에 대한 말씀입니다.

이스라엘 백성들을 역병으로 치시는 하나님은?

첫째, 회개하지 않는 이스라엘 백성들에게 진노하시는 분입니다.(삼하 24:1~9)

"여호와께서 다시 이스라엘을 향하여 진노하사 그들을 치시려고 다윗을 격동시키사 가서 이스라엘과 유다의 인구를 조사하라 하신지라"(삼하 24:1)

"제사 드릴 때에 압살롬이 사람을 보내 다윗의 모사 길로 사람 아히도벨을 그의 성읍 길로에서 청하여 온지라 반역하는 일이 커가매 압살롬에게로 돌아오는 백성이 많아지니라 전령이 다윗에게 와서 말하되 이스라엘의 인심이 다 압살롬에게로 돌아갔나이다 한지라"(삼하 15:12~13)

"마침 거기에 불량배 하나가 있으니 그의 이름은 세바인데 베냐민 사람 비그리의 아들이었더라 그가 나팔을 불며 이르되 우리는 다윗과 나눌 분깃이 없으며 이새의 아들에게서 받을 유산이 우리에게 없도다 이스라엘아 각각 장막으로 돌아가라 하매 이에 온 이스라엘 사람들이 다윗 따르기를 그치고 올라가 비그리의 아들 세

바를 따르나 유다 사람들은 그들의 왕과 합하여 요단에서 예루살렘까지 따르니라"(삼하 20:1~2)

다윗은 연약함을 가지고 있지만 예수 그리스도를 예표하는 왕입니다.

하나님께서는 그리스도인들이 교회 머리이신 예수 그리스도를 거부하고 교회 질서를 파괴하면 진노하시고 회개치 않으면 그 진노의 노여움을 더욱 더 하시는 분입니다.

둘째, 생명얻는 회개의 은총을 베풀어 주시는 분입니다.

"다윗이 백성을 조사한 후에 그의 마음에 자책하고 다윗이 여호와께 아뢰되 내가 이 일을 행함으로 큰 죄를 범하였나이다 여호와여 이제 간구하옵나니 종의 죄를 사하여 주옵소서 내가 심히 미련하게 행하였나이다 하니라"(삼하 24:10)

셋째, 징계하시는 분입니다.(삼하 24:11~15)

"다윗이 갓에게 이르되 내가 고통 중에 있도다 청하건대 여호와께서는 긍휼이 크시니 우리가 여호와의 손에 빠지고 내가 사람의 손에 빠지지 아니하기를 원하노라 하는지라 이에 여호와께서 그 아침부터 정하신 때까지 전염병을 이스라엘에게 내리시니 단에서부터 브엘세바까지 백성의 죽은 자가 칠만명이라"(삼하 24:14~15)

넷째, 긍휼을 베푸시는 분입니다.(삼하 24:16~17)

"천사가 예루살렘을 향하여 그의 손을 들어 멸하려 하더니 여호와께서 이 재앙 내리심을 뉘우치사 백성을 멸하는 천사에게 이르시되 족하다 이제는 네 손을 거두라 하시니 여호와의 사자가 여부스 사람 아라우나의 타작 마당 곁에 있는지라"(삼하 24:16)

다섯째, 예수 그리스도의 품 안에서 회복시키시는 분입니다.(삼상 24:18 ~ 25)

"그 곳에서 여호와를 위하여 제단을 쌓고 번제와 화목제를 드렸더니 이에 여호와께서 그 땅을 위한 기도를 들으시매 이스라엘에게 내리는 재앙이 그쳤더라"(삼하 24:25)

하나님께서는 진노의 징계 가운데에서도 긍휼과 자비를 베푸시며 아리우나의 타작 마당을 솔로몬의 성전 터로 주셨습니다.

"다윗이 여호와께서 명령하신 바 갓의 말대로 올라가니라 아라우나가 바라보다가 왕과 그의 부하들이 자기를 향하여 건너옴을 보고 나가서 왕 앞에서 얼굴을 땅에 대고 절하며 이르되 어찌하여 내 주 왕께서 종에게 임하시나이까 하니 다윗이 이르되 네게서 타작 마당을 사서 여호와께 제단을 쌓아 백성에게 내리는 재앙을 그치게 하려 함이라 하는지라"(삼하 24:19~21)

"솔로몬이 예루살렘 모리아 산에 여호와의 전 건축하기를 시작하니 그 곳은 전에 여호와께서 그의 아버지 다윗에게 나타나신 곳이요 여부스 사람 오르난의 타작 마당에 다윗이 정한 곳이라"(대하 3:1)

그러므로 성삼위 하나님의 은혜로 교회 머리이신 예수 그리스도께서 세우신 교회 질서를 소중히 여기며 하나님을 영화롭게 하는 우리 모두가 되기를 기도합니다.

김상균 목사 | 제자된교회

성경 원문에 담긴 오묘한 교훈들을 성령의 지혜를 구하는 가운데 한 절, 한 절 연구하며 기록한 말씀들은 마치 성경의 깊은 우물에서 지금 막 길어 퍼 올린 생수와 같다는 느낌이다. 목회 35년, 평생 복음 메시지를 증거 해 온 저자가 깊은 연구와 묵상을 통해 감추인 보배를 찾는 듯(잠 2:4) 교훈을 담았기에 더욱 울림이 있다.

김조이 선교사 | 아프리카 말라위

서 있는 것만으로도 치열한 영적 전투현장에서, 히브리어와 헬라어 원어에 충실하게 깊이깊이 내린 우물물 두레박처럼 길어 올리신 생명수 말씀을 말라위까지 보내 주셔서 '지꼬모=감사합니다'. 그 생수를 선교현장에 고스란히 흘려보내며, 진리 예수 그리스도를 힘차게 전할 수 있었습니다. 모든 영광 하나님께. Soli Deo Glatia.

김태준 원로목사 | 중동교회

김상수 목사의 말씀을 묵상은 읽을수록 성경을 이해하고 말씀사역에 힘이 되며 유익함을 누린다. 말씀의 본래의 뜻을 정확히 알 수 있도록 원어의 의미를 담아내며, 문맥을 따라 핵심이 되는 내용을 질서 있게 정리해 주고 있다. 성경본문의 내용 파악을 잘 할 수 있도록 해 주고 있다. 여기에 묵상해서 살을 붙이면 훌륭한 설교가 된다. 이 내용을 묶어 책으로 내게 되니 심히 기쁘다.

김형원 목사 | 주님의 교회

김상수 목사님은 성경 말씀을 원문을 통해서 보다 원초적으로 하나님의 뜻을 깨닫고자 매일 연구한 것을 카톡으로 보내 주셨습니다. 아침마다 귀한 연구의 결과를 읽으면서 오직 말씀대로 살리라 다짐했던 목회 초심으로 돌아가곤 하였습니다. 감사합니다.

김호성 목사, 선교사 | 미동부, 뉴욕성시화운동 대표

창조주 하나님을 찬송함이 끊어지며, 하나님과 대면하는 기도조차 끊어지며, 세상이 심히 어두움으로 들어가고 있는 시대에, 김상수 목사님의 매일의 묵상은 우리들의 혼잡한 마음과 영혼이 평안으로 인도되어 잔잔한 호수와 같은 평안을 느끼게 해주며, 쉴만한 물가와 푸른 초장으로 우리들을 인도해 주고 있습니다.

박찬민 목사 | 양주 명성교회

군더더기 없이 간결하고 명쾌한 성경 원문 번역과, 성경 스스로 성경을 해석하게 하는 쉽고도 심오한 성경강해가, 인공조미료를 넣지 않은 순수 자연식품처럼 날것 그대로 성경의 진미를 맛보게 해주는 이제껏 그 누구도 시도해보지 않은 신기원의 지평을 연 성경번역 강해서이다.

박형서 선교사 | 한민족고구마나눔운동본부 대표

김상수 목사님은 영혼을 위한 샘물을 길어 섬기시는 교회의 성도와 그리스도 예수 안의 지체들에게 퍼 나르시는 종이십니다. 12년이 넘도록 오대양 육대주로 맑은 영혼의 생수를 하루도 빠짐없이 퍼 나르셨습

니다. 주님께서 세우신 성령의 사람, 말씀의 공명 나팔 소리였습니다. 하나님의 마음을 헤아리며 깊은 말씀의 은혜로 하나님의 이름을 찬양하게 되기를 기도합니다.

방예배 선교사 | 카자흐스탄

선교지에서 날마다 아침을 맞이하며 김상수 목사님의 말씀 묵상을 읽습니다. 메마른 광야 같은 삶의 현장에서 말씀 묵상을 통해 하늘의 은혜를 갈망합니다. 나와 이웃들의 삶 속에 하나님의 말씀이 샘물처럼 흘러 넘쳐 우리 안에 예수님의 생명이 가득하기를 소망합니다.

배현주 목사 | 주교개혁장로교회

이 저서는 김상수 목사님께서 주명교회의 성도들에게 카톡으로 보내는 매일 한 장의 성경을 일목요연하게 정리하였다는 장점이 있다. 그래서 특히 매일 새벽기도를 인도하는 목회자들에게 매우 유익 하리라고 본다. 저자가 원문의 분석까지 마치시고 정리한 이 메시지는 즉시 설명 할 수 있기 때문이다.

백경진 선교사 | 마다가스카르

매일, 흔들릴 수밖에 없는 환경 속에서 더욱 하나님을 중심으로 성경을 바라보고 또한 하나님의 인류 구원을 향한 그 분의 사랑과 은혜를 체험 할 수 있었습니다. 특히 전반적인 묵상의 내용이 철저하게 하나님의 말씀 중심이라는 점에서 영원히 변치 않으시는 하나님을 알아 가는데 더욱 한걸음 나아갈 수 있었습니다.

손경순 선교사 | 필리핀

2013년부터 오늘까지 아침마다 보내주시는 짧은 묵상의 말씀이 저에게는 매일 매일 새 아침을 여는 밝은 문입니다. 더욱이 그 날의 본문 말씀을 원문으로 직역 해 주셔서 좀 더 이해하기가 쉬었습니다. 카톡으로 보내 주셔서 소수의 사람만 읽을 수 있었던 묵상의 말씀이 책으로 엮어져 많은 분들이 읽을 수 있다니 감사합니다.

송은근 목사 | 새로남교회

김상수 목사님께서 아침마다 보내주시는 말씀은 사막을 출발하는 첫 걸음에 내 영혼에 새벽이슬과 하늘의 만나(Dailly bread)를 주심과 같이 느낍니다. 이 만나를 새벽에 성도들과 나누기도 합니다. 감사합니다.

심성형 선교사 | R국

할렐루야! 하나님의 은혜입니다. 하나의 책은 하나님을 알아가는 징검다리와 같다고 볼 수 있습니다. 작은 강물이 흘러서 큰 바다로 모이는 것처럼 말씀 하나하나 모여 큰 말씀을 이루는 은혜를 경험합니다. 2014년, 이 말씀을 처음 받을 때 생각이 납니다. 개혁주의 입장에서 말씀을 배워야 한다고 가르쳐 주신 김상수 목사님께 감사를 드립니다.

윤여성 목사 | 열린문교회

많은 성도가 이런 목마름을 느끼는 그런 형편 속에 처해 있을 때 '합신'에서 만난 우리 친구 김상수 목사는 개혁주의 신학에 바탕한 계시적 혜안과 해석을 담은 온라인 말씀 사역을 하며 매진해 왔습니다. 저는 처음부터, 이 단톡방의 단골손님으로 오늘까지 큰 혜택을 누려 왔습니다. 그는 폭 넓은 목회의 영지를 확장시키며 수많은 사람들에게 그의 영적 기쁨과 축복을 베풀기에 지치지 않았습니다.

이선상 대표 | 썬디스플레이, 전나사렛형제들신협이사장

언제부터인가 잠언서를 보면서 깊이가 있는 묵상 나눔으로 생각해 보았다. 목사님의 탐구는 한 두 개, 서너 개가 아니라 배 이상의 깊이가 번호로 나열된다. 그것이 원문에 입각하니 저렇게 다채로운 관점을 갖게 되는구나, 이런 생각을 종종 했었다. 한 가지, 한 가지 내용들이 때로는 깊고 넓어서 묵상하는 사람 입장에서는 참 좋은 교보재가 된 듯 싶다.

이진희 선교사 | 나이지리아

김상수 목사님의 카톡 큐티는 한 줄기의 맑은 물이 목을 축이는 것 같았습니다. 기본에서 벗어나지 아니하고 차분하게 본문에 충실하게 풀어가는 말씀은 하나님의 마음을 알아 가는데 아름다운 길잡이 역할을 하고 있습니다. 기독교인의 삶을 바르게 훈련하는데 귀한 길잡이라고 사료됩니다.

조평안 선교사 | 베드님

365일 하루도 빼놓지 않고 사모님을 통해 보내주시는 주명교회 김상수 목사님의 아침 큐티는 매일 아침 말씀을 깊이 있게 들여다보게 하며 생각하게 하고 또한 깨닫게 하는 생수와 같고 만나와 같은 젖줄이다. 선교사역에 큰 힘이 된다.

주승규 선교사 | 일본 사와라 그리스도교회

답답하고 어두운 코로나 시대에 시원한 얼음 생수 생명수 넘치는 말씀! 코로나로 인한 팬더믹 속에서 공포에 떠는 모든 이에게 예수 그리스도를 통하여 생명의 빛과 소망과 확신을 공급해 주는 말씀입니다. 항상 말씀과 복음 전파의 열정이 가득하신 저자의 매일 큐티를 읽으며, 일본선교 1퍼센트 벽을 통과하는데 많은 힘이 되고 있습니다.

최동주 목사 | 석천제일교회

저자에게서 진리의 말씀을 원어 중심으로 해석하여 원리를 찾아 적용하시는 연구와 삶은 구도자적 모습을 볼 수 있었다. 매일 보내주시는 김 목사님의 성경석의를 토대로 설교 본분을 점검하여 오류를 찾아냈고 수정 보완하여 설교를 마무리하는 습관이 생겼다. 이렇게 책으로 발간될 수 있는 기회를 주신 것에 하나님께 진심으로 감사를 드린다.

황진호 선교사 | 한태글로벌문화센터 대표

몇 년 전부터 멀리 떨어져 있는 태국에까지 하루도 빠짐없이 매일 아침 카톡으로 김상수 목사님의 큐티를 보내주고 계신다. 목사님의 수고와 헌신으로 하나님의 말씀을 더 깊이 있게 묵상하고 기도하므로 하나님께 더 성숙한 자리로 나아가게 됨을 고백한다. 아울러 아침에 묵상하고 기도한 내용들은 저희 현지 사역자들과 성도들에게 자연스럽게 흘러가게 되어 진심으로 감사드린다. 이 카톡 큐티가 저뿐 아니라 더 많은 선교지와 선교사들에게 축복의 통로로 사용되어지기를 간절히 기원한다.

김상수 목사의 **직역큐티** 도서명, 목차 소개

솔로몬의 노래

- 잠언 · 전도서 · 아가

(2022. 4)

잠언

전도서

아가서

모세오경 1

- 창세기, 출애굽기

(2022. 10)

창세기

출애굽기

모세오경2

- 레위기, 민수기, 신명기

(2022. 12)

레위기

민수기

신명기

가나안정복이야기

- 요호수아, 사사기, 룻기

(2023. 3)

여호수아

사사기

룻기

사무엘이야기
- 사무엘상 · 사무엘하 직역 큐티

1판 인쇄일 2024년 3월 5일
1쇄 발행일 2024년 3월 13일

지은이 _ 김상수
펴낸이 _ 한치호
펴낸곳 _ 종려가지
등록 _ 제311-2014-000013호(2014. 3. 20)
주소 _ 서울특별시 은평구 은평로 14길, 9-5
전화 02. 359. 9657
디자인 _ 표지 이순옥 / 본문 구본일
제작대행 _ 세줄기획/ 전화 02. 2265. 3749
영업(총판) _ 일오삼/ 전화 02. 964. 6993,
팩스 02. 2208. 0153

값 13,000 원

ISBN 979-11-90968-81-2

* 저자 연락처 010-4586-9892